子どもに勉強は教えるな

東大合格者数日本一
開成の校長先生が教える教育論

開成中学校・高等学校校長
東京大学名誉教授
柳沢幸雄

中央公論新社

はじめに

〈教育というのは保守的である。
だからこそ、「勉強しろ」と言ってはいけない。
我が子に勉強は教えてはいけない。〉

これは、長年教育の世界に身を置いてきた私が経験し、確信に至ったことです。

私は、学生時代に塾教師や家庭教師として小中高生を教え、25歳の時に、中学生や高校生を対象にした学習塾の講師兼経営者となりました。これが教育者としてのスタートです。

その後ハーバード大学で10年以上、東京大学でも10年以上教鞭をとり、２０１１年からは母校・開成学園の校長を務めています。

下は小学校4年生から、上は博士課程の大学院生まで幅広く、国内外の学生たちを教えてきたのです。数えたことはありませんが、ものすごい数の生徒学生を教えてきました。そして、並行して多くの親御さんたちと出会い、話をし、相談に乗ってきました。

私は、50年近い教育人生の中で、子どもの特性、親の価値観、社会が教育に求める期待、それらの移り変わりをつぶさに見て、肌で感じてきました。

ですから、この本を手に取ってくださる親御さんの気持ちも十分理解できるのです。

それを踏まえた上で……

もし、本書を開いてくださったあなたが今、我が子に「勉強しなさい」と言っていたり、勉強を教え込もうとしているとしたら、即刻やめましょう。

成果が上がるどころか、子どもの本当の才能を見逃し、また、やる気の芽を摘んでしまうからです。

そんなふうに書けば、「だって、勉強しなさいと言わなければ、子どもは勉強しないじゃないですか。落ちこぼれてしまったらどうするんですか？」という声が聞こえてきそうですね。けれどそれは、単なる思い込みです。

「親の望む通りの勉強」かどうかは別として、子どもは誰でも、自ら学ぼうとする意欲を持っています。けれど、親の「勉強しなさい」という言葉で、その意欲がぺしゃんこにされてしまうのです。「勉強しなさい」という言葉は、ある意味、悪魔のささやきだと私は思っています。


また、「何とかして今よりも良い成績を取らせたい」、「親の力で子どもの成績を上げさせてやりたい」と考えて、その手の本を読んだり、インターネットで調べて、我が子に勉強を教え込もうとしている人を見かけることがあります。

私はその方たちに、「そんなバカなことは考えないで、その時間をもっと別のことに使ったほうが有益です」と声をかけて差し上げたいです。

小学校3年くらいまでは、何とか親が勉強を教えられても、それ以上はもう不可能です。なぜなら、子どもにとって親は親です。先生ではありません。先生と子どもでは、「教える・習う」という関係性がありますが、親は違います。それなのに、親が教えようとすると子どもは混乱してしまうのです。

実は、無意識に「勉強しなさい」と言ってしまったり、勉強を教え込もうとするのには、親の育ってきた環境や経験と密接な関係があります。これが、

「教育というのは保守的である」

と、私が断言するゆえんなのです。

詳しくは本書を読み進めていただければ分かりますが、親には親として、子どもにすべきこと、してあげられることがいっぱいあります。

それは、親だからこそできる、愛情と喜びに満ちた教育、「本当の意味での子育て」なのです。

そこには、「勉強は辛いけれど、歯を食いしばり我慢してやらなければいけない」「勉強は苦しいからこそ身につくんだ」といった、根性論も浪花節もありません。

また、「勉強することが子どもの義務であり、親は子どもに勉強させることが義務である」などといった難行苦行の道もありません。

勉強は本来、新しいことを知るという、楽しくてわくわくするものです。そのわくわくを手に入れれば、自分の進みたいと思う道を明るく照らし、切り開くことができるのです。

そのために、親ができることは、子どもをよく観察し、その子の好きなこと、得意なことを見つけてやり、それをほめて伸ばすこと、自信をつけさせることです。

また、子どもの話に熱心に耳を傾け、たくさん話させることも重要です。

そして、子どもが安心して暮らせる環境を作り、先回りせず、見守る勇気を持つこと。子どもが、相談してきたり、助けを求めてきたら、そのときは真摯に応じてやること。

小さな失敗をたくさん経験させて、自立心を育てること。

子どもが安心して、いろんなことにチャレンジできるように精神面で支えてやること。

それらが、親が子どもに対してできることなのだと思います。

少し前に、ある教育雑誌で、東大生184人を対象に、どんな家庭で育ってきたかのアンケートを行いました。私はその質問内容や解析について監修をしたのですが、その結果は非常に興味深いものでした。

アンケートに答えてくれた東大生の90・7％が、「親は自分の話をよく聞いてくれた」と答え、82％が「よくほめてもらった」と答えています。

また、「自分の意見を聞いてくれた」が、86・5％、「新しいことに挑戦したことがある」が、77・1％。一方、勉強しなさいと言われた子は、全体の4割に届きません。

ここから何が読み取れるかというと、

親は子どもの話をよく聞き、ほめて育て、親のエゴを押し付けない、ということです。

特に、低学年から勉強が好きな子の95・6％、中学校から勉強が好きになった子の96・7％が、「親は自分の話をよく聞いてくれた」と答えています。

分かりやすく言うなら、

「親が話を聞いてくれる」↓「通じたと嬉しくなる」↓「安心する」↓「自信になる」↓「もっと上手に話そうとする」↓「脳がフル回転する」↓「知識を総動員してうまく伝わる

ように工夫する」↓「知識欲が高まる」↓「勉強が面白くなる」↓「勉強が好きになる」という図式です。

この中には、親の「勉強しなさい」という言葉も、「親が勉強を教え込む」ということもありません。そのことが、数値としてきちんと表れているのです。

今後、日本はさらに国際競争の波にさらされるでしょう。皆さんのお子さんが社会に出る頃には、もっともっとグローバル化が進んでいるはずです。

そうしたとき、求められるのは、自分の中に「これ」という自信を持っていること。自分の考えや思いを発信できる力です。

本書には、それをどうやって育てるかを、できるだけ分かりやすく書いたつもりです。

子どもは一人一人違います。一人一人異なる輝きがあるのです。それを発見し、理解し、伸ばす手助けをできるのが、ほかでもない親御さんです。

お子さんの持つ輝きを見つけ、さらに輝きに磨きがかかるよう、本書を役立てていただければ、こんなに嬉しいことはありません。

柳沢幸雄

子どもに勉強は教えるな

東大合格者数日本一
開成の校長先生が教える教育論

目次

親は、
大人と子ども、二つの目線を持とう
男の子と女の子の
育ち方には差がある
英語の勉強は、
早ければ早いほど本当にいい？
英語学習の前に
母語・国語をしっかり学ぶ
きれいな英語より、
自分の意思を伝えるほうが大事
子どもに宿題をやらせるのは
親の義務？
良い成績に
ご褒美のお金は要らない
「マンガなんて」という
偏見はやめよう

中高一貫校で
子どもが伸びるわけ
中学校までに
準備しておきたいことは何か
どんな場所でも
集中できる子に育てる方法
志望校は
親ではなく本人が決める
中学受験。
第一志望に入れるのは1割
入った学校で、
いかに早くなじむかが大事
集団の中で
居場所を作れる子どもになる

第9章

親だからこそできる教育

我が家のルールをしっかり守らせること

お小遣いは、子どものマネジメント能力を育てる

お年玉、お盆玉には親が対応する

親は、子どもを枠にはめない、自分の価値観で導いてはいけない

親は、子どもの尖った部分をさらに引き出す努力を

自分の好きなものは仕事になる

子どもにリーダーを押し付けてはいけない。その子が輝ける場所がある

受験は子どもの問題。それを今一度肝に銘じる

第10章 子どもの自立を後押しするために …… 219

親の過保護が、子どもを苦境に立たせる
お手伝いは生活全般のスキルを上げる
料理には勉強のネタがたくさん転がっている
大人っていいな……と思わせることが自立を促す
親は意識的に子離れしなくてはいけない
100歳の時間の重みが0なら、0歳の時間の重みは100

子どもに勉強は教えるな

東大合格者数日本一
開成の校長先生が教える教育論

第1章

「勉強しなさい」は絶対言うな

「勉強しなさい」と言われた親は、自分の子どもにも「勉強しなさい」を繰り返している

皆さんに質問をします。

「あなたは子ども時代、親から『勉強しなさい』と言われて育ちましたか？」

「あなたは子ども時代、親から『勉強しなさい』と一度も言われずに育ちましたか？」

それではもう一つ質問です。

「勉強しなさい」と言われて育った人は、「勉強しなさい」と言われたとき、どんな感じがしたでしょうか。「よし、頑張るぞ！」とやる気がわき出てきたでしょうか。素直に勉強したいという気持ちが沸き立ってきたでしょうか。

唐突な質問でしたが、子育てに悩む親御さんからのご相談が増えているのです。その中でも、「子どもの勉強方法」に関しては多くの親御さんが、大なり小なり悩みを抱えています。

実は、はじめの質問に、「子どもの勉強方法」が、なぜ、難しく感じてしまうのか、という答えが隠されているのです。

子どもの教育というのは、本当はとても楽しいもので、そのコツさえつかめれば、子どもの特性をぐんぐん伸ばせる、というヒントも隠されているのです。

私は、子育ての中で特に重要だと考えている７つのことがあります。

それをご紹介しましょう。

①子どもはほめて育てる

②子どもにどんどん話させる

③親は子どもの話に熱心に耳を傾ける（話を引き出すこと）

④子どもに親から愛されていると実感させる

⑤家庭が子どもにとって落ち着ける場所にする

⑥子どもをしっかり観察し、その特性をほめて伸ばす
⑦親が自分の価値観で子どもを否定しない

これは代表的なことで細かく話せばまだまだあります。

それはこの本の中で解説したいと思いますが、はじめの「勉強しなさい」と言われて育ったか否かという質問は、全体を理解するのにとても重要なキーワードとなります。

それを理解しながら進めていきたいと思います。

動物園で生まれ育った動物は、子育てができないケースが少なくない

教育というのはとても保守的です。

自分の経験してきたこと、あるいは自分の育ってきた周囲の様子などを土台にして次の世代を育てていきます。

動物を例にとって考えると分かりやすいかもしれません。

野生動物は当たり前に子育てをしますが、動物園で生まれ育った動物は、子育てができないケースが少なくありません。それは、環境の違いということもありますが、群れの中にいて、誰かが子育てをしている様子を見た経験がないので、見よう見まねで子育てができないというのも理由の一つです。

そのため、生まれた子どもを踏みつけてしまったり、育児放棄をするため、早い段階で親と引き離し、飼育員がミルクを飲ませるなど、代わりに子育てをします。

つまり人工的な子育てです。

実は、人間の子育ても次第に人工的になっているのです。人工的な部分が顕在化したのが核家族です。

人は、教育制度が整っていなかった頃から、周りのおじさんやおばさんの子育て、近所の人の育児の様子を見聞きして、それをまねて、自然に子育てというものを身につけてきました。

ところが、核家族化によって周りに見る対象がなく、また、一緒に暮らして知恵を授けてくれる上の世代がいないと、親と子どもの世代だけになってしまいます。

そうなると、親は自分が受けた教育だけがベースとなり、教えてくれる人がいないため、インターネットなどの情報だけを頼りにします。

ところが、インターネットの情報は玉石混交です。そのため、不安に感じたり、疑心暗鬼になってしまう人も少なくないのです。

皆さんの記憶にも新しいかと思いますが、少し前に千葉県で小学生の女の子が親から虐待を受けて命を落とすという痛ましい事件が起きました。

その事件に関連し、私はある話を聞き、とても驚きました。

それは、ある子どもが、「ニュースを見て、あれ、うちと同じだ。これっていけないことなんだと初めて気づいた」というものです。

その子はきっと、生まれたときから親から暴力を受ける状況を当たり前として育ってきたため、自分が置かれている状況を異常だと感じず普通と思っていたのです。

これが、一昔前のように、大家族で暮らして、地域の中で子育てが行われていれば、子ども自身も友だちとか他の家庭のことを知り、「うちはおかしいのでは？」と思うきっかけもあったはずです。

親から殴られて育った人は、子どもを殴る傾向があります。

もちろん、すべての人が殴るわけではありませんが、親から一度も殴られたことのない人が、しつけのために我が子を殴るというケースを、私はいまだかつて聞いたことがありません。

良きにつけ悪しきにつけ、親は自分が受けた教育を原体験として、子育ての際、そのまま踏襲してしまうのです。

そこで、冒頭に書いた、「勉強しなさい」と言われて育ったか否かという質問に立ち戻るのです。

子どもの意欲を育てるか、芽を摘んでしまうのか、その7割は親の育て方

皆さんに考えてほしいのは、親から「勉強しなさい」と言われたときに、どんなふうに感じたかです。

多くの人は、「うるさいなあ」「しつこいな」と感じ、「言われるとかえってやる気がなくなる」といった感想を持ったのではないでしょうか。

私が思うに、実際に「勉強しなさい」と言われたことで、著しく成果が上がったという人は少ないのではないかということです。

それなのに、なぜ、子どもに同じことを繰り返すのでしょう。

シンプルに考えて、成果も出ない上に、子どもを嫌な気持ちにさせるようなことなら、言

わないほうがいいのではないでしょうか。

自分の経験上、「勉強しなさい」と言われて、成果が上がっていないのなら、やり方を変えたほうがいいと思いませんか。

私自身、親から「勉強しなさい」と言われたことはありませんし、子どもにも言ったこともありません。勉強は楽しいということを知っているので、わざわざ言わなくてもやるだろうと思っているからです。

親御さんの多くは、「嫌だろうが何だろうが、勉強は頑張らなくてはいけない」と考えています。しかしそれは、親御さん自身が、そういうふうに育てられてきたから、すり込まれてきたからなのです。

本来、子どもは勉強が楽しいと思えば親から言われずとも進んで取り組みます。もちろん、子どもですから、どの教科もまんべんなく進んで勉強するということはないでしょう。しかし、自分の気に入ったことはどんどんやるのです。

たくさんの可能性を持っている子どもの意欲を育てるか、芽を摘んでしまうのか、その7割ぐらいは親の育て方にかかっていると考えます。

それでもあなたはまだ、「勉強しなさい」と言いますか。

親はまず、「勉強＝義務」という考え方を捨てましょう

「ねえ、何のために勉強するの？」

と、子どもにたずねられたら、あなたはどんなふうにこたえますか。

「勉強するのは子どもの義務だから」

そんなふうに考えたら、子どもは勉強嫌いになること間違いありません。なぜなら、勉強することを「義務」と考えたとき、それは苦行になってしまうからです。

大人だって、「お前は、会社に行って稼ぐことが義務だ。家計を赤字にしないように働く

ことが義務だ」と言われたら、会社に行く足取りは重くなってしまうでしょう。

「勉強＝義務」と考えてしまう背景には、親自身が勉強で楽しかった思い出がない、怒られてばっかりだったという苦い経験があります。

やらなきゃいけないことがなかなかできない、常に追い立てられて勉強してきた親は、子どもにそうなってほしくないと思いながらも、同じように子どもを急き立て、「勉強しなさい」「勉強しないと困るよ」と、言ってしまうのです。

では、何のために勉強するのか。

たとえば、楽器の好きな子がいるとしましょう。

楽器を演奏するためには楽譜が読めたほうが良いでしょう。楽譜が読めなくても演奏できる人もいますが、ある程度のところで頭打ちになってしまいます。

また、楽譜が書けなければ作った曲を記録したり、人に広めたりすることができませんから、どんなに素晴らしい音楽を思いついても忘れ去られてしまいます。

自分の興味のあることを深めていくためには自然に何かを学びますし、何かができるようになるということは、おのずと勉強しているということなのです。

スポーツでもそうです。

野球でもサッカーでも、やらない人にとっては「良く分からない」「難しい」と感じるルールがあります。けれど、それらのスポーツをやっている子たちは、ルールを勉強し理解していきます。

そこには、「ルールを学ぶことが義務だ」という感覚はありません。自発的に学び、自然に身につけているのです。

子どもというのは、好奇心のかたまりです。好奇心というのは知的欲求、知りたいという欲求です。「新しいことを知りたい」「新しいことを知るのは楽しい」という気持ちがあるからこそ成長していくのです。

しかし、国語、算数、理科、社会、英語といった「勉強」だけを別枠にして、やらなきゃいけないという義務感に持っていくのは、親の中に「勉強というのは嫌なものだ」という思いがあるからなのです。

「勉強やらなくて、おやつを食べさせてもらえなかったなぁ」「勉強やらなくて、叱られたな」などという嫌な思い出が恨みつらみとなり、言葉の端々に出てしまう。

そして、それが子どもに伝わって「何のために勉強するの?」「何で勉強しなきゃいけないの?」ということになってしまうのです。

そもそも、勉強というのは、新しいことを知り、自分の世界をどんどん広げていくものです。

子どもは親の鏡ですから、まず、親が「勉強って楽しいよね」という感覚を、自分の中で一生懸命探して見つけるのが大事なのです。

「勉強」という言葉に縛られず、「新しいことを知ること」「新しい何かを身につけること」と考えればいいでしょう。

それは、楽譜が読めるようになることでも、ピアノが弾けるようになることでも、オフサイドというサッカーのルールを理解することでも構いません。

そういうことを、親自身が自分の中で見つけていって、「あ、これができるようになったら面白いね」「一歩先に進んだね」という実感を持つと、子どもに「勉強は辛い、嫌なものだ」という思いをさせなくてもすみます。

親はまず、「勉強=義務」という考え方を捨てましょう。我が子を伸ばすには、まず親から変わっていく必要があるのですから。

親の理想を押し付け、過度な期待をされると子どもは重荷になってしまう

親は、我が子に期待を寄せます。いろんな夢を持っています。しかし、全部がかなうとは思っていません。

たとえば、ピアニストになってほしいなという夢があっても、よほどずば抜けた子どもでない限り、「まぁ、難しいだろうなぁ」と分かっています。

6年生で100メートルを11秒台で走ってほしいと思っても、一般的には「まぁ、無理だろうな」と思うのです。

そういう部分は簡単にあきらめるのに、なぜか勉強だけは別枠と思っているのです。

子どもはほめて自信を持たせてやることで、どんどん伸びていきますが、親の理想を押し付け、過度な期待をされると重荷になってしまいます。

別枠といえば、言葉に関しても言えるでしょう。

勉強ばかりしていることを、「ガリ勉」と言いますね。非難の意味を込めて、あいつは、ガリガリ、ガリガリ勉強ばかりしていると。

しかし、サッカーやテニスはどうでしょう。ピアノはどうでしょう。

遊ぶ間を惜しんで全力で練習しても、「ガリサッカー」、「ガリピアノ」とは言いません。

イチローは毎日８時間近く野球の練習をしていたわけですから、「ガリ野球」と非難されてもいいはずです。

ここでも、勉強だけが別枠扱いなのです。勉強に関してだけ価値観がひっくり返ってしまっているのです。

それはなぜか。

勉強に対して親の苦い思い出があるからなのです。そして、勉強は義務であるという考えを持っているからです。

「辛いことをやるのが人間の成長につながる」という、暗黙の感覚がありますが、私はそれは明らかに違っていると思います。

スポーツだって音楽だって、楽しいから、好きだからこそ人は夢中になって上達します。勉強も同じです。

新しいことを知るのが楽しい。それまで分からなかったことが分かるようになるから嬉しいのです。楽しいことは、強制されなくてもやるのです。

「勉強しなさい」は、勉強に対して苦い思いを持っている親の負の歴史を継承することにつながります。

だから、「勉強しなさい」と、絶対に言ってはいけないのです。

第2章

子どもの能力はほめてこそ伸びる

子どもを伸ばすカギは、親の「ほめる力」

すべての子どもには好きなことや夢中になれるものがあり、何かしらの才能を必ず持っています。

だからこそ、親は子どもをよく観察し、我が子の才能を見つけ、それを伸ばしてやることが大切です。

そして、子どもを伸ばすカギは、親の「ほめる力」です。

ところが、日本の子育てでは、「ほめる」より「叱る」に重点が置かれがちです。なぜなら、ほめることは甘やかしにつながると考えられるからです。

しかし、「ほめる＝甘やかす」ではありません。

たとえば、子どもが教科書の音読をしたとします。そのときに、「ダメダメ、もっと大きな声で読まなきゃ、ちゃんと聞こえないよ」と言うのと、「上手に読めたね。もう少し大きな声で読んだら、もっともっと良くなるね」と言うのを比べてみましょう。

どちらも、「大きな声で読んだほうが良い」という親からのアドバイスです。そこには、叱って伝えるか、ほめて伝えるかの違いがあるだけです。

しかし、受け手である子どもの気持ちはどうでしょう。

「だめ」と否定されれば、いい気持ちはしません。叱られたくないので次は頑張るかもしれませんが、そのモチベーションは消極的です。あるいは、苦手意識が植え付けられ音読自体が嫌いになってしまうかもしれません。

一方、親から「いいね」とほめられた子どもは嬉しくなり、次はもっとほめられたいので、積極的に頑張るでしょう。

頑張ればさらにほめてもらえるので、音読が大好きな子どもになるでしょう。好きこそ物の上手なれで、ぐんぐん実力をつけていくに違いありません。

つまり、伝える内容は同じでも、叱るかほめるかで、子どもの反応、その子の将来には大きな差が出てしまうのです。

たしかに、善悪関係なく無責任にほめるのは、甘やかしになるかもしれません。

しかし、適切にほめることは子どもの気持ちを前向きにし、ファイトを引き出す力を持っているのです。

ほめることは、親の価値観を伝える

また、ほめることは子どものモチベーションを上げるだけでなく、「親の価値観」を伝えるという大切な役割も持っています。

たとえば、家の手伝いをしてくれた際に、

「洗濯物を取り込んでおいてくれてありがとう。言わなくてもやってくれたなんて、びっくりしたし、とても嬉しかった」

とほめたとします。

すると、子どもは「言われなくても進んで家の手伝いをするのは良いことなんだ」と理解します。

また、親せきの集まりで挨拶できたことを、

「はずかしがらずに、一人一人ちゃんと挨拶できて偉かったね」

とほめたとしましょう。

すると子どもは、

「そうか、挨拶って大切なんだな。一人一人丁寧にするのがいいんだな」

と分かります。

また、目標に向かって努力したことについて、

「優勝は逃してしまったけれど、お前が頑張ってきたのをお父さんは見ていたし、あきらめ

ずに努力してきたのが何より素晴らしいと思うよ」

と、ほめれば、「結果よりも大切なものがあるんだ。努力することは無駄ではないんだ」ということを子どもは理解します。

「こうあってほしい」という親の思いと、子どもの言動が一致したときに、親は子どもをほめます。だからこそ、ほめることによって親の価値観、こうあってほしいと願うことが子どもに伝わるのです。

そのため、気を付けなくてはいけない部分もあります。

たとえば、

「いつも満点を取れて偉いね」

という具合にほめると、「常に満点を取ることが偉い」という伝わり方になってしまいます。これでは、結果を出せなかったとき、子どもは自信を失ってしまいます。

しかし、

「連続して満点を取るなんて簡単にはできないはずだよ。すごく頑張ったんだね、偉かったね」

とほめれば、結果ではなく、目標に向かって努力する姿勢をほめていることになります。

過程である努力をほめられれば、結果がどうであれ子どもは励みになります。

親は子どもをよく観察し、子どもの頑張りやよかったと思う点を、できるだけ具体的にほめることが重要なのです。

赤ちゃんはたくさんほめて育てる

ほめることは子育てにとって重要なのに、苦手意識を持つ親御さんが少なくありません。

しかし、皆さん、過去には上手に子どもをほめてきたのです。

我が子が赤ちゃんだった頃を思い出してみましょう。

ミルクを飲んだら、「いっぱい飲めたね、えらい、えらい」とほっぺをつつき、寝返りを打てたら、「すごいねぇ、上手にできたね」と小さな手を握ったのではありませんか。

さらに、つかまり立ち、一人歩きの時などは、きっと満面の笑顔と拍手で「上手、上手」とほめちぎったはずです。

赤ちゃんはそんな親の嬉しそうな表情や声を感じ取り、それに応えてどんどん成長していきます。

親の笑顔は、「あなたのことを受け入れている」というメッセージとなり、子どもの心に安心感と自信を芽生えさせるのです。

赤ちゃんには言葉は通じませんが、親の態度で「これをやったら喜ぶ」「何をしたらほめてもらえるか」というのが本能的に分かっているからこそ、親がほめてくれるように行動します。親のほうも本能的に赤ちゃんの行動を理解しているから、たくさんほめて育てるのです。

ところが、子どもが大きくなるにつれ、親が子どもをほめる場面が減ってきます。

赤ちゃんの頃は、生きるのに必要なこと、つまり、食べることや体を動かすことなどができれば大いにほめましたが、次第に親は、より理性や知性といったものを求めるようになってきます。

「親の言うことをきく」「人前でちゃんとできる」「ぐずぐず言わない」「自発的に勉強をする」など、求めることが多くなると、どうしても叱るシーンが増えてきます。

もちろん、危険なことや、やってはいけないことは、きつく叱らねばなりません。しかし、何かにつけて叱られっぱなしでは、子どもは自信を失ってしまいます。

ほめ方に自信がない人は、過去の自分を振り返り、子どもが赤ちゃんだった頃の感覚を思い出してください。

親は誰でも、子どもをほめる才能を持ち合わせているのですから。

アメリカの学生はどうして堂々と発言するか

少し個人的な話になりますが、私は、東京大学工学部を卒業後、黎明期のコンピュータ会社でシステムエンジニアとして働いていました。

しかし、自分が本当になりたいのは何なのかを知りたくて、再び、東大の大学院で学び、修士課程、博士課程を修了しました。

当時、アメリカの写真家、ユージン・スミスが撮った、水俣病患者の母子の写真と出会い、あらためて環境問題について勉強したいと考えていたのです。

博士課程を終えたのちも研究を続けたかったのですが、高度経済成長期にあった日本では、環境問題への取り組みは経済発展の邪魔になるというような風潮だったため、環境問題の研究をする限り採用してくれるところはありませんでした。仕方なく英語で論文を書き国際学会に出すことを繰り返しました。

そんな中、ハーバード大学に呼ばれることになったのです。それが37歳の時。

すでに私には妻子がおりましたので、家族でアメリカに移住。ですから、仕事も子育てもアメリカ人の中で行ったのです。

10年以上にわたるアメリカでの生活の中で、私は日本とは異なる子育てや教育に対する取り組みに触れ、大いに影響を受けました。

その中でも最も驚かされたのは、アメリカの子どもや学生たちが、どの子も積極的に、それも自信満々に発言することです。

日本でも、幼稚園や小学校低学年の頃は、「これが分かる人」などという教師の問いかけに多くの子が手を挙げます。

しかし、年齢とともにその数は次第に減っていき、中学にもなると積極的に手を挙げる子どもはほとんどいなくなります。

さらに高校~大学ともなると、その傾向はもっと強くなるでしょう。たとえ、当てられて答えるときも、どこか自信なさそうです。

しかし、アメリカでは大学生になっても、社会人になっても実に積極的に、堂々と発言します。たとえ、答えが間違っていたとしてもです。

教鞭をとったハーバードの学生は、「発言しなければ存在価値がない」と思っているように感じるほどでした。

その理由は何か……。

実は、アメリカの子どもは、「ほめられて」育っているからなのです。

アメリカの親は本当によく子どもをほめます。しかし、それは甘やかすためではなく、親の価値観や、こうあってほしいという気持ちを、「ほめて」伝えているのです。

それは、言語にもよく表れていて、英語にはほめる際に使う言葉の種類が多彩です。

「Good（いいね）」「very good（とってもいい！）」「excellent（見事だ）」「great（すごい）」「amazing（驚くほど良い）」「perfect（完璧だ）」「fantastic（素晴らしい）」「incredible（信じられない（良い意味で）」。そのほかにも、「superb（実に見事な）」「brilliant（立派な）」などがあります。

一方、けなす言葉は「poor（貧弱な）」くらいで、ほとんどありません。

アメリカの子どもたちのように、堂々と発言できることは、これからの国際社会を生き抜いていくために必要な力です。

そのためにも、日本の親御さんはもっともっと子どもをほめて伸ばす教育を心掛けるべきなのです。

「ほめる」と「課題を与える」をセットにする

しかし、子育てする中で、叱るのをゼロにすることはできません。

また、ほめることがいかに良いことでも、ほめっぱなしでは、せっかくやる気を出した子どもをほうっておくことになります。

そこで、私が心掛けていたのは、「9ほめて1叱る」あるいは、「7ほめて3叱る」です。

とはいえ、私の考える「叱る」は、皆さんが想像するような、声を荒らげたり、上から押さえつけるような叱り方ではありません。

言い換えるのなら、「課題を与える」という表現がいいでしょう。

たとえば、父親が息子にキャッチボールを教えるところを想像してみてください。

「今の球はいいね」「ナイスボール」「おっ、早い早い！」「コントロールがよくなったぞ」などのように、子どもをほめながら、「頭の上から投げるといいぞ」「もっとヒジをあげると球が早くなるぞ」などのように言うでしょう。

これが「課題を与える」です。

より分かりやすい例でお話ししましょう。

水泳を始めたとき、まずは水に顔をつけられたら、「上手に顔をつけられたね」とほめます。それと同時に、時期を見て「今度は水の中で目を開けてみようか」と、課題を与え、成長を促します。

それができたらほめて、また折を見て次の段階へ、というようなリズムができあがると、子どもは自信をつけていくため、ものごとに積極的に取り組むようになります。

ただし、忘れてはいけないのが、「子育てを急ぎすぎない」ことです。

水に顔をつけられるようになったら、すぐ目を開ける、目が開けられたら今度は、体を浮かせて前に進んでみるなど、次々に課題を与えるのは性急です。

はじめはこわごわ水の中で目を開けていたのが、徐々に慣れていく。次第に、当たり前のように目が開けられるようになったら、やっと、体を浮かせてみるという課題が登場します。

そのタイミングが、「9ほめて1叱る」または、「7ほめて3叱る」のイメージです。

急がせすぎてうまくいかないと、子どもは自信をなくしてしまいます。なかなかうまくいかないときも、あせらずその子のリズムにあわせてやるのが大事なのです。

指示待ち人間は大人が作る

核家族化や少子化が進む中、子どもがお客様のように大切に扱われる家庭が増えています。ほめることは甘えにはつながりませんが、子どもの言いなりになったり、親の過干渉が原因で甘えた子に育つことは多々あります。

また、子どもが心配で、何かと禁止事項を多くする母親がいます。しかし、それでは思考力や自主性というものが育たないのです。

たとえば、子どもがAということをやったとしましょう。そのときに親が、

「Aをやっちゃだめ！」

と、禁止したとします。すると、子どもはAを禁じられたため、次は別の方法を探し、Bをやります。そこでまた親が、

「Ｂもだめ。ばかなことはやめなさい」

のように次々に否定すると、子どもは「どうやったら親に否定されないだろう」ということを考え、さらに違う道を探します。

そこで子どもは気づくのです。

「そうか、だめって言われないためには、親が言うことだけをやればいいんだ」

これが、指示待ち人間ができあがる過程です。

大人にも似た経験があるはずです。

仕事で何かにチャレンジしたところ、「そんなことより自分の仕事をやれ」と言われ、また、違うことをやったら「そんなことできっこないだろ」と言われる。

そうした繰り返しの中で、「もうどうでもいいや」「頑張ってやるなんてばかばかしい。どうせ文句言われるだけだ」と感じ、言われたことだけをするようになります。

人間は子どもでも大人でも、否定や禁止が続けばやる気を失うのです。

親から否定され続けた子は、親の言いなりになったり、親の言うことしかできない子どもに育ちます。あるいは、何かと親に反発する子になる場合もあります。

子どもは「自分がやっていることが受け入れられている」という肯定感があってこそ、自信や自主性を持つことができるのです。

「あれはだめ、これはだめ」と言われて育つと、自己肯定感が育ちません。そのため、チャレンジを避け、常に失敗しなそうな道を選択します。

人は困難なことを乗り越えたことが成功体験となり自信が生まれますが、そもそもリスクを回避していたのでは、たとえ失敗しなくても達成感は生まれません。

自信がないから挑戦しない、挑戦しないから自信が生まれない。これでは、いつまでたってもチャレンジ精神や自主性は育ちません。

非行に走る子にも、自己肯定感の低さが見られるという統計もあります。

だからこそ、親は、命の危険や、障害が残るような危険からは子どもを守らなければいけませんが、過剰な心配や、先回りばかりではいけません。

子どもにとって、失敗や挫折は成長のチャンスと心得、必要以上に手を出さない、見守りの気持ちが重要なのです。

ぎりぎりまで見守るという気持ちが大切

私の知り合いに、実に興味深い子育てをする若い夫婦がいました。極端な言い方をするなら、絶対に「ダメ」と言わない子育てです。

たとえば、公園に行くと、その子はブランコに危ない乗り方をしたり、ジャングルジムのうんと高いところに上ってしまいます。年齢や体の大きさから考えると、無謀な遊び方に見えます。

親としてはけがをさせたくないですから、「だめだめ、もっと静かに乗りなさい」とか「そんな高いところまで登っちゃダメ」と注意してしまいがちですが、その若夫婦はそばにいて、じっと子どものすることを見ていて、本当に危険だというときだけ手を出すのです。

実際に、そうしたタイミングは、子どものほうも怖かったと思います。そういう子育てをした結果、彼は大胆だけれど慎重な部分を持ち合わせた子どもに育ちました。

元気な子どもなので、いろんなことをやらかしてくれるのですが、よく見ていると、子どもなりに確認しつつやっているのです。

たとえば、ネットで作られた遊具などは、どんどん上っていくのだけれど、同時に「ここは大丈夫、これは危険」という具合に一つ一つ確認しているのが分かります。そして、さまざまなことにチャレンジする子どもに育っています。

子どもはいろんなことを経験して大人になります。経験には、良いことも悪いことも含まれます。

たとえば、転ばないようにはどうすればいいのかという学びや、工夫をしたことで転ばなかったという成功体験は重要です。しかし、転んで痛かった、という経験も同様に大切なのです。

「ここまでやったら危ないな、これ以上やったら大けがをするんだ」と自分で判断できるようにするためには、「それ以上」という線引きを、自分自身で経験してみないとだめなのです。

親は何かと、手や口を出したがる生き物ですが、子育ての中では、本人のためにぎりぎりまで見守る、という気持ちも大切なのです。

謙遜が子どもを傷つけることも

「うちの子なんて全然だめ。集中力がないし、だらしないし」

「あら、うちの子なんてもっとだめよ。テストの点数なんて恥ずかしくて言えないわ」

お母さん同士の会話では、こんな内容は珍しくありません。謙遜なのでしょうが、もし、これを子どもが聞いていたらどんな気持ちになるでしょう。

大人なら、他人の手前そういっておいたほうがいいという事情が分かっていますが、子どもは違います。

大好きな親にけなされて、悲しかったり、悔しかったり。あるいは、「やっぱり自分はだめな子どもなんだ」と思い込んでしまうかもしれません。

親は、子どもに自信を芽生えさせなければいけないのに、その自信を奪うようなまねは絶対にすべきではありません。

子どもは親が思っている以上に、敏感で繊細です。親が自分のことをどんなふうに他人と話しているか、聞いていないようでちゃんと聞いているのです。

親が「この子はのろまで」とか「だらしなくて」というのは、「もっと機敏に動いてほしい」「もっとちゃんとしてほしい」という思いがあってのことだと思います。

ならば、そんなひねくれた言い方をせずに、子どものやる気が出るようにほめて伝えるべきです。

また、日本では謙虚さや控えめなことが美徳とされているため、「私が私が!」「ぼくがぼくが」と前に出ていこうとする子どもを、「ずうずうしい」「しゃしゃり出てかわいげがない」などと批判する人がいます。

しかし、今後日本のグローバル化はますます進んでいくでしょう。また、世界に出ていく若者の数もどんどん増えるはずです。そうした中では、謙虚さや控えめなことはマイナス要素になってしまうのです。

たとえば、日本人がペットといって思い浮かべるのは、犬か猫ですが、世界には、ペットといえば馬が当たり前と思う人もいるわけです。

文化も考え方も違う人たちと触れ合う中で、「以心伝心」や「空気を読む」といった日本の考え方は通用しません。

きちんと、自分の考えを自分の口で主張できることが何より大事なのです。

そのためには、「出る杭は打たれる」とばかりに子どもを押さえつけず、出る杭になれるような子育てが、これからの時代は求められるのです。

親だからこそ見つけられる、子どもの才能

「うちの子にはこれといった才能がない」という親御さんがいますが、私からするとそれは、親の怠慢だと思います。

どんな子どもにも、必ず才能や得意なこと、好きなことがあります。親は子どもを熱心に観察し、その才能に気づき、伸ばしてやることができる存在です。

子どもの才能を伸ばすという点で私が真っ先に思い浮かべるのは、全盲の天才ピアニスト、辻井伸行さんのお母さん、辻井いつ子さんです。

伸行さんは目が見えないため、いつ子さんは親子のコミュニケーションに音楽を取り入れていました。そして、生後8ヵ月頃、あることに気づいたのです。

ショパンの「英雄ポロネーズ」のCDをかけると、曲の盛り上がりのところで決まったように、伸行さんが足をふすまにあてて全身でリズムをとるようにバタバタさせていることに。そして、そのバタバタはCDの演奏とぴたりとあっていました。

そのときは、「この子は、この曲が好きなんだな」程度にしか思いませんでしたが、嬉しそうにしているのを見たくて毎日聞かせていたそうです。

そのうち、CDに傷が入って音が出なくなったため、また、「英雄ポロネーズ」の入ったCDを買って聞かせました。ところが、以前と違い全然喜ばないのです。変だと思ってよくよくCDを見てみたら、なんと前のCDと新しいCDでは演奏者が違っていました。

「まさか……」と半信半疑で、前のCDと同じ演奏者のものを買って聞かせたところ、また、足をバタバタさせて大喜びしたのです。

伸行さんが喜んだのは、「ブーニンが演奏する英雄ポロネーズ」でした。

もし、「赤ちゃんだから、同じ曲が飽きたのだろう」と思ったら、この気づきはなかったはずです。

そして、生後1歳3ヵ月にはこんなエピソードがあります。

自宅でピアノの調律をしていたとき、調律の音に合わせて、伸行さんが「アー」「ウー」と声を出していました。

すると調律師が「私がたたく音と同じ音域の音を出しますね。こんな子はめったにいません。音楽をやらせるといいかもしれませんね」と言ったそうです。

日々の我が子の様子、英雄ポロネーズの一件、調律師の発言などが一本につながり、「この子には、音に関する特別な才能が眠っているのかもしれない」

と気づき、それが、子育ての希望になったそうです。

また、伸行さんは、生活雑音に敏感で、一度泣き出したら止まらないという特性を持っていました。しかし、いつ子さんは、この特性をネガティブにとらえませんでした。

なぜなら、一見すると短所に見えてしまう特性を、「ダメなこと」として切り捨ててしまわず、それも含めて「我が子らしさ」としてとらえていたからです。

子どもの才能や好きなことを見つけられない親は、そもそも関心がないのか、たとえ見ているとしても、親の都合、あるいは親の価値観でしか見ていないのではないでしょうか。

「子どもは活発に動き回るのがいい」という価値観でしか子どもを見なければ、しゃがんだままじーっとアリの動きに見入っている子どもの「好き」を伸ばせません。

「人と同じようにできるのがいい」という価値観でしか子どもを見なければ、その子にしかない個性を見過ごしてしまいます。

子どもの好みには、その子の才能が隠されています。

子どもの「好き」を手掛かりに、それを上手にほめて育てれば、子どもはぐんぐん伸びていくのです。

「好き」は、しばしば移り変わることもある

辻井伸行さんは、幼少期から「音」に対して特別な才能を持ち、それを生かしていまや世界的に活躍するピアニストになりました。しかし、誰もが、幼少期からその天分を見せるとは限りません。

高校生になってから、あるいは大人になってからその天分に気づくこともあるのです。

それに、子どもの「好き」はしばしば移り変わります。

「小さい頃は電車好きで、ものすごい数の電車の名前を憶えていたのに、小学校に入ったらサッカーばっかり」

「静かに本を読むのが好きだったのに、最近は友達と遊ぶことに夢中で、本に見向きもしな

くなった」

などといった話はよくあります。

そこで大事なのは、もともと好きだったことに固執するのではなく、「別に好きなことを見つけたんだな」、と認めてあげることです。

親は子どもの発信する「好き」をその都度うけとめて、ほめて伸ばす。そして反応を見る。それぞれの家のできる範囲で、やらせていけばいいのです。

「この子は絵を描いているとき、夢中になってるな」と感じたら、いきなり色鉛筆のセットを買い与えるのではなく、家にある紙と鉛筆を与えれば、その子の「好き」を伸ばすことができます。

そのうち興味が音楽にかわってきたら、その家庭のできる範囲で楽器を与えて反応を見るのもいいでしょう。

子どもの「好き」は移り変わりますが、よく観察していると、本人の興味のあるもの、向いている分野というのはおのずと見えてきます。

子どもは自分が大好きなことや得意だと思えることがあれば、自信を持てるようになり、その自信を土台に大きくジャンプできるのです。

第3章

他人と子どもを比べるな

欧米は、良い部分をほめて伸ばす 日本は、足りないことを叱る

最近、自己肯定感という言葉が広く使われるようになっています。

その意味は、「自分の価値や存在意義を肯定できる感情」。もう少しかみ砕いて言うのなら、「自分に対する満足感」です。

次ページの図表をご覧ください。

これは、13歳から29歳までの若年層を対象に、自己肯定感に関する調査を行った結果です。

ご覧いただくと分かりますが、日本の若者は、「自分自身に満足している」と感じている

若年層の意識

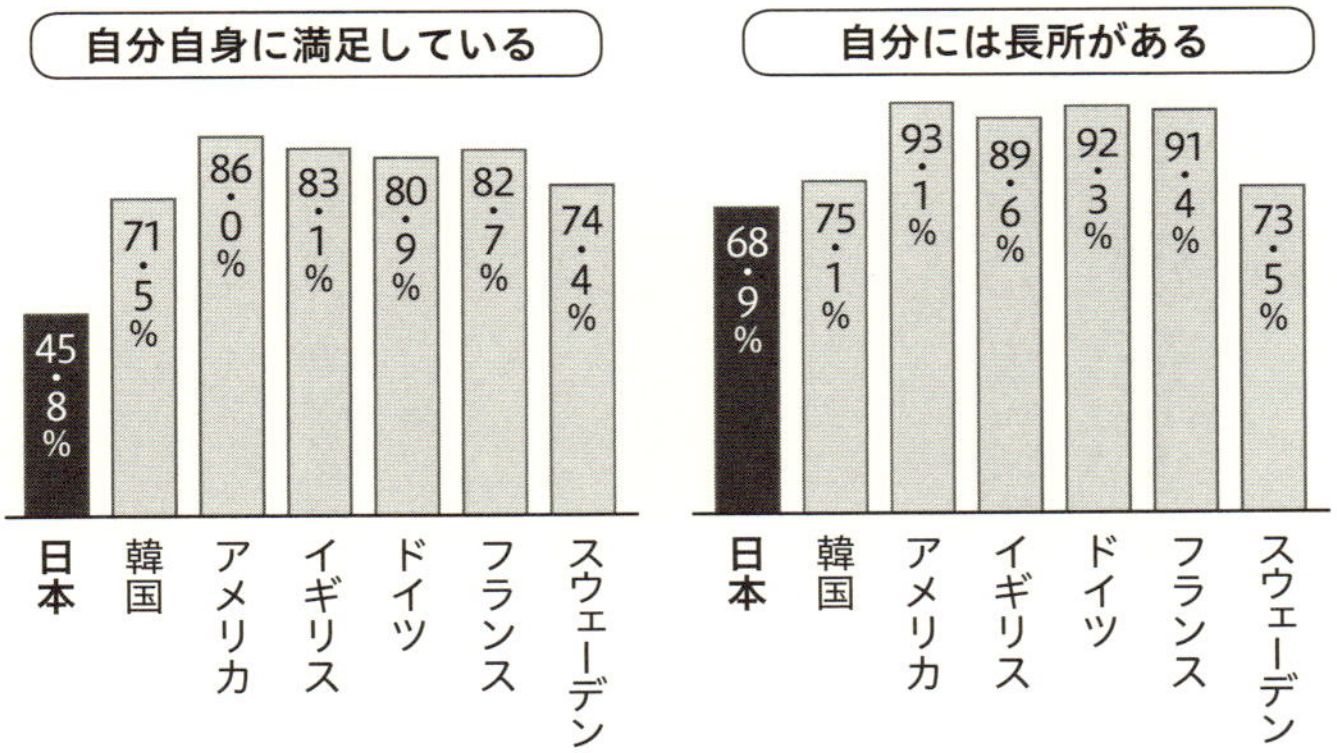

※各国の13〜29歳、約1000〜1200人を2013年に調査（内閣府「平成26年版 子ども・若者白書」）

のは、全体の45・8％。つまり半数以上は「自分自身に満足しているとはいえない」もしくは「自分自身に満足していない」というわけです。

アメリカやイギリス、ドイツやフランスは80％を超えていますから、日本の子どもたちの自己肯定感が著しく低いことが分かります。

また、「自分には長所がある」と答えた若年層が、68・9％。「自分に満足している」よりは高い数値ですが、諸外国と比べてみるとやはり値が低いです。

つまり、欧米の若年層は、自分に長所があると感じ、自分自身に満足しているけれど、日本人は自己肯定感も自信もないというわけです。

その原因は何か……。

それは、第1章でも重ねて述べたように、家庭教育の違い。ほめて育てているか、叱って育てているかの違いなのだと思います。

欧米では、子どもの良い部分をほめて伸ばしますが、日本は足りないところを見つけて、「何でできないの？」「もっと頑張らなきゃダメでしょ」と叱る子育てをしがちです。

しかし、否定を基本にした子育ての中で、子どもの自己肯定感が育つわけがありません。

長所を伸ばすには、ほめることが必要なのです。

子どもの成長を、過去と現在で比較して評価する

「先生、どうやって子どもを叱ったらいいでしょうか」

「どんなふうに子どもを叱るのが効果的ですか？」

といった質問はよく受けるのですが、残念ながら、

「どうやって子どもをほめるのがいいですか？」

という質問は少ないです。

けれど、ここまで読み進めた皆さんは、ほめることの大切さをご理解いただけたと思います。そして、「ほめて育ててみたい」と思われたのではないでしょうか。

ただ、ほめるといっても、「結果」や「他人との比較」に重きを置くと、子どもの成長にとって効果的ではありません。

たとえば、結果をほめる代表的な例としては、「１００点を取った」「難しい試験に合格した」などが挙げられます。

また、他人との比較では、「クラスで一番になった」「代表選手に選抜された」などがあるでしょう。

こうした華々しいことはほめやすいですが、日常的にはありません。さらに、結果ばかり

をほめると、結果がすべてということになってしまいます。

ビジネスシーンでは、「結果を出さなくては意味がない！」などと言うこともありますが、教育で肝心なのは「過程」「途中経過」です。

「うちの子は成績も振るわないし、特に秀でたところもない。ほめるところがない」と感じている親御さんでも、結果重視をやめればほめるポイントはいくらでもあります。そして、ほめるポイントを見つけるコツは、

「子どもの成長を、過去と現在で比較して評価すること」です。

これを私は、垂直比較と呼んでいます。

たとえば、計算が不得手な子がいるとしましょう。そういう子は、テストの点数や他の子と比較すると劣っているところが目立って、ほめるポイントがないように思えます。しかし、垂直比較を用いれば、ちゃんとほめられるのです。

具体的には、昨日は10問中5問しか解けなかったのが、今日は6問解けるようになった。昨日と同じように5問しか解けなかったけれど、今日は問題を解くスピードが上がった。

そういう部分がほめポイントです。

ちゃんと観察していないと見落としてしまいがちですが、「ほめることで子どもを伸ばそう」という意識があれば、見つけるのは簡単です。

そして、

「昨日より1問多く解けたね。すごいね」

「今日は計算のスピードが上がったね、頑張ったね」

とほめれば、子どものモチベーションが上がります。

「今日もまた5問しか解けなかったの？　ダメだね」

と言われれば、「どうせ私は計算が苦手なんだ。もういいや」という後ろ向きな気持ちになってしまいます。

「叱られたのが悔しくて奮起する」という考え方の親御さんもいますが、そんな子どもはレアケースです。大人だって、自分のやったことに対して、「何でできないの？　頑張らなきゃダメでしょ」と言われたらモチベーションが下がるはずです。

垂直比較を覚えれば、子どもの成長のどの時期においても、ほめるポイントを見つけられますから、「何をほめたらいいか分からない」と困らなくて済むのです。

比較をするのは我が子の「過去」と「現在」

親がよくやってしまうのが、自分の子ども時代と我が子を比べることです。

「私が子どもの頃は、とっくにできていたのに」「同じくらいの年で、オレはもっと上手にできた」という具合です。

しかし、記憶というものは曖昧で、時に都合良く塗り替えられている、あるいは勘違いしていることも多々あると思うのです。

また、DNA的には遺伝子は父親・母親の半分ずつですし、何もかも同じではありません。子どもは親のクローンではないのですから、昔の自分と子どもを比べてもあまり意味がないのです。

親の「自分のほうができていた」といった思い違いを修正するには、自分が子どもと同じ年齢の頃の写真を眺めることです。

また、子どもと一緒に昔の写真を見ると、別の効果も期待できます。

子どもにとって親というのは、はじめから大人の存在ですが、親の子ども時代の写真、つまり親の歴史を見ることで、「お母（父）さんも、自分と同じように昔は子どもだったんだ。そこから大人になったんだ」と分かります。そして、自分も同じように大人になっていくのだという成長の道筋を理解することができるのです。

話を元に戻しましょう。

親は、同世代の子どもとも我が子を比べがちです。

「○○ちゃんはできるのに、どうしてあなたはできないの？」「○○君だってできるんだから、あなたにだってできるはずでしょ」のような台詞に覚えはないでしょうか。

しかし、この比較も意味がありません。

なぜなら、子どもはみんなそれぞれ異なる才能や個性を持っていますし、成長のスピードも違うからです。

小学校時代は成績が振るわなかったけれど、中学で頭角を現し、ぐんぐん伸びる子もいれば、反対のケースもあります。

たまたま同じ地域の同じ学校に通っている子の、成長過程の一部を切り取って我が子と比較することにどんな意味があるでしょう。

成長は、時間という縦軸で、垂直に見ないと正しい判断はできないのです。

それが先ほどからお話ししている「垂直比較」です。

しかし、我が子だけを見つめていると、独りよがりで孤立した子育てになる危険性も考えられます。

そんなときは、周りを見回してみればいいのです。

他のお母さんやお父さんが、どんな子育てをしているのか。我が子の周りにはどんな子どもがいるのか。

比較するのではなく、「いろんな子どもがいるな」「いろんな子育てや価値観があるな」と認識するだけでいいのです。

私はこれを「水平認識」と呼んでいます。

他人を見ると、つい比較したくなってしまいますが、比較をするのは我が子の過去と現在。これをしっかり肝に銘じておけば、いたずらに子どもを煽ったり、周りに流される心配がなくなるのです。

兄や姉、妹や弟と比べるのは絶対NG

兄や姉、妹や弟がいると、つい比べたくなるのが親心。なぜなら、ともに自分の遺伝子を持ち、同じように育てている、育てているつもりだからです。

しかし、兄弟で比べることはやめましょう。もし、比べるというのなら、自分の葬式でバトルが起こるのを覚悟しなくてはなりません。それくらい、兄弟での比較にはリスクが伴うのです。

想像してみてください。比較されて優位に立ったほうはいいかもしれませんが、そうでないほうは面白くないに決まっています。

女の子と男の子の場合は比較されても、そもそも性別が違うので、同列に並べて優劣をつけにくいですが、同性の場合は差や優劣が見えやすいです。だから、比べることでどちらかを傷つけてしまいます。

たとえば、「お姉ちゃんはこんな悪い点数を取ったことないわよ」「お兄ちゃんは器用なのに、どうしてあなたはダメなのかしら」と言ってみたり、「妹のほうが上手にできて、お姉ちゃんは恥ずかしくないの？」「弟のほうが漢字をちゃんと覚えてるよ。お兄ちゃん追い越されているよ」などと言うのは最悪です。

表に出さなくても、本人同士は「あいつはあれができて、俺はこれができて……」ということが分かっています。

頭の中に地図のようなものがあって、「これは妹の領域、こっちは私の領域」と、自分なりに分かっているのです。

負けているな、劣っているなという傷に、親が塩を塗り込むのは酷な話です。

子どもの成長のスピードや才能や特性というのは、兄弟でも異なります。

「兄弟で競わせて伸ばそう」などと乱暴なことは考えず、その子の過去と現在の成長を注意深く観察しほめて育てるのが良いのです。

一人一人の個性を尊重する

ここで少し、開成中学、高等学校の話をさせてください。

開成は、東大合格者数ナンバーワンという実績があるため、「入学したら、とにかく勉強漬けで先生が手取り足取り教えてくれているに違いない」と、考える方が少なくありません。

しかし、そのイメージは実情とはかなり違います。

開成では、子どもの側からリクエストやアドバイスを求めてきたとき、それにできる限り応える「生徒ファースト」の教育方針です。

つまり、先回りして提供するのではなく、生徒が問いかけてくることに、情報やヒントで答えるのであって、決して手取り足取り教えるなどということはありません。

そんなことをしたら、将来、手助けなしでは生きられない人間になってしまうからです。大学を卒業したらもう先生はいないのですから、問題に直面したとき、「どうすればいいのかを自分で考え答えを出すノウハウ」を、身につけなくてはなりません。

また、開成では、勉強以外の活動に打ち込む生徒が多く、中高6年間ガリ勉という生徒は滅多にいません。

部活動が約70もありますし、学校行事、生徒会活動も盛んです。

さらに、開成を語る上で不可欠な運動会は、生徒が運営のすべてを担います。それは当日だけではなく、その年の運動会が終わったら、すぐ翌年の運動会のための準備が始まるほど熱の入ったものです。

学年旅行に関しても、委員会によって行き先の希望を生徒から募り、行き先提案者は演説を行い、投票によって決定されます。これらはすべて、子どもたちの自主性を大切にする教育の一環なのです。

開成は明治4年に、加賀藩の武士の佐野鼎《さのかなえ》によって「共立学校《きょうりゅう》」として設立され、正岡子規など歴史的な著名人が学びました。

明治10年に佐野鼎がコレラで急逝し廃校寸前となったのを救ったのが、初代校長の高橋是清《たかはしこれきよ》です。

是清が目指したのは、「生徒一人一人が持っている固有のもの、素質を育てる」教育です。

世間からは、「開成は勉強一筋」と思われがちですが、成績という一つの価値で評価されない、一人一人の個性が尊重される学校なのです。

開成に入学してくる子どもは、小学校の成績がトップクラス、神童と呼ばれるような子がほとんどです。

しかし、入学して1ヵ月半ほどすると中間試験があり、1クラス43～44人の中で順位がつけられます。それまでは1位が当たり前だった子たちに、1位から末席まで順位が割り振られるのです。

トップをとれる子や、「そうか、世の中には自分よりも頭がいい奴がいるんだな」と思える子はいいのですが、ショックを受けてしまう子も当然います。

そのため教員たちは、生徒一人一人が持っている固有のものを大切にし、「成績が良く、勉強ができることに価値はあるけれど、それは一つの価値でしかない」ということを実感できるよう心を砕《くだ》きます。

世の中のすべての子どもには一人一人個性や才能があり、それは他人と比べることができない尊いものです。

しかし、親が「勉強ができること」だけに価値観を置くと、伸びる可能性のある、そのほかの才能を埋没させてしまいます。

親はついつい、テストの点数や成績表の評価の良さを、最も重視すべきことだと思いがちです。しかし、その考え方はとても狭い物の見方です。

親の価値観の枠に子どもをはめようとせず、子どもが持っている尖《とが》った個性を尊重することが、自信のある子どもに育てる極意なのです。

家庭が子どもにとって安心の場所であること

当たり前のことですが、子どもは親に食べさせてもらわなければ生きていけません。家から勝手に出て行って一人で暮らすことはできないのです。

だからこそ、家は子どもにとって安心できる場所でなければいけません。

少し前に、東大生１８４人を対象に「賢い子が育った『家庭の中身』」というアンケートの監修をしました（「プレジデントファミリー」２０１９秋号）。

その調査結果を見ると、改めて、子どもにとって家庭環境がいかに重要であるかが分かります。

たとえば、「親は自分の話を聞いてくれましたか？」という問いに対し、９割以上の東大生がＹＥＳと答えています。

また、「何かを決める際、親は子どもの意見を聞いてくれたか」という問いに対しては、86・5％。「よくほめてくれたか？」では、82％の東大生がYESと答えています。

ここからどんなことが読み取れるかといえば、「子どもファースト」の精神です。

子どもの話は脈略がなく、じっと耳を傾けるのは簡単ではありません。けれども、「うん、うん、へぇ、そうだったの」「それは、どういうことなの？」などのように、相槌《あいづち》を打ち、子どもの話を引き出す親の態度は、愛にあふれています。

また、親が勝手にものごとを決めてしまうのではなく、子どもの意見に耳を傾けてくれる。それは、自分を家族の一員として大切に扱ってくれていることに通じます。

また、ほめて育ててくれる環境は、叱られて否定される環境と異なり、子どもにとって心地よい空間です。

それらのことから、子どもは、「自分は愛されている」「自分は守られている」と感じ、家が安心できる場所だと認識するのです。

また、両親が仲の良いことも重要です。

想像してみてください。もし、家の中で父親と母親がいがみ合っていたら、子どもはどんな気持ちがするでしょう。どちらも大好きな親ですから、片方の肩を持つわけにはいかず、どうしていいか分かりません。自分にできる事はないかと心配し、胸を痛めるでしょう。夫婦が仲良く、笑顔であることが、子どもにとっては何よりの安心感なのです。

とはいえ、両親が常に同じ考え方を持っている必要はありません。たとえ、父親と母親が違う意見を持っていたとしても、互いに尊重しあえていれば問題ないのです。

間違っても、子どもに「お母さんは嫌だね」とか「お父さんは良くない」など、悪口を聞かせてはなりません。夫婦で意見が対立したときには、子どものいないところで大人同士じっくり話し合えばいいのです。

子どもはさまざまな挑戦を繰り返し、失敗や成功を積み重ねて大人になっていきます。家庭が安全で、自分は守られているという安心感があればこそ、子どもはいろんなことに挑戦できます。なぜなら、失敗したり怖い思いをしたときに「ここに逃げ帰ってくればいい」という安心感があるからです。

成功体験は、挑戦することで得られます。だからこそ、親は、子どもがさまざまなことに挑戦できるよう、子どもが安心して過ごせる環境づくりをする必要があるのです。

「一日も早い自立」を親の価値観の根っこに

どんな親でも、我が子にはさまざまな期待を抱きます。

「成績優秀な子になってほしい」「仲間をけん引するような強いリーダーシップを持ってほしい」「スポーツ万能な子に育ってほしい」。思いはさまざまでしょう。

しかし、私が親御さんに持っていてほしい価値観のうち、一番重要だと思うのは、「一日も早い自立」。つまり、子どもが一日も早く親もとから自立し、自分で飯を食っていけるようになる、ということです。

なぜなら、順番で考えても親は子どもより先に死んでいきますし、それ以前に、明日の命の保証はありません。

親が死んだ後でも自分で食って生きて行ってもらわなくてはならないのです。

そう考えると、「一流大学に入る」「大儲けをする」「大活躍をする」といったことは、おまけのようなものです。

ですから、「勉強さえできれば、他のことはできなくてもいい」という親御さんは、考え方の軌道修正をお勧めします。成績が優秀で勉強ができることに価値はありますが、それは一つの価値でしかありませんし、それだけで生きてはいけないのです。

だからこそ、家の中で子どもをお客様扱いしてはいけません。

どんなに優秀な成績をとれても、高校生にもなって自分のパンツ一枚畳めない、掃除一つできないようでは自立とは程遠いでしょう。

自分のことは自分でできるようにするために、年齢に合わせて訓練をしていかなくてはならないのです。

また、息子にかしずくようにあれこれ世話を焼いてやるお母さんを見かけることがありますが、そういう子どもは結婚が遠のいてしまいます。

今時の女性は、お母さんのようにかしずいてくれませんし、料理だって生まれたときから食べている母親の味のほうがおいしいに決まっています。

また、息子の背後霊のような母親がくっついていたら、若い女性は近寄ってきません。一日も早い自立のためには、子どもが親離れしようとする時期に後追いせず、子離れする意識が必要なのです。

まだ、お子さんが小さいご家庭ではピンと来ないかもしれませんが、子どもというのは、親の人生の中の「闖入者《ちんにゅうしゃ》」なのです。闖入者とは、突然無断で入り込んでくる者という意味の言葉です。

親と子の関係は一生続きますが、子育てという責任で考えると、18年間。子どもが18歳になったら、自己主張もありますし親ではどうにもなりません。その18年間をどう子どもと向き合って子育てするか。どう、自立へとつなげていくかが大事なのです。

昨今、子どもの入社式にまでつきそう親がいると聞きますが、いつまでも子どもの人生に介入するような親にならぬよう、子育ての目標は、「一日も早い自立」と肝に銘じましょう。

第4章

自信をつければ能力はぐんぐん伸びる

すべての成長は、「S字カーブ」を描くという法則

大人でも子どもでも、その人の中で自信が生まれる瞬間、誰もがパッと目を輝かせます。頭の中でもやもやとしていたものが、あるいはバラバラだったパズルが一瞬にして一つの形になり、「分かった！」「そういうことか！」と感じる瞬間です。

これが、「分かる＝伸びる」ということです。

人が自信を持つのは、自分が成長したと実感したり、それまでできなかったことができた瞬間です。私は、そういう瞬間を数限りなく見てきました。

教える側からすれば、子どものそういう瞬間を見ることは、教師冥利に尽きますし、心の中で「よしっ！」とガッツポーズをしてしまうほど嬉しいものです。

私の教育のスタートは、家庭教師や中学生や高校生を対象にした学習塾の講師や経営者で、次はハーバード大学、東京大学の教員兼研究者。そして２０１１年から母校・開成学園の校長として、一貫して教育に携わっています。

下は小学校４年生から上は博士課程の大学院生まで幅広いですが、その中には、理解の早い人もいれば、飲み込みの悪い人、器用な人不器用な人、いろんなタイプの人がいました。

自信は「この瞬間」に生まれる

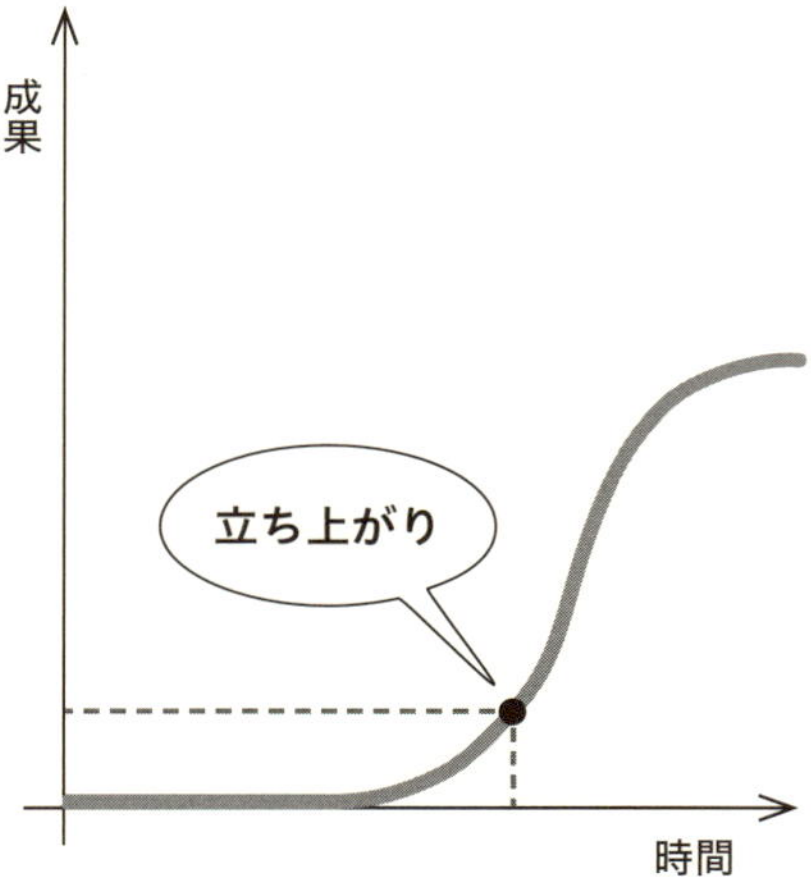

そうした長い積み重ねの中で確認したのが、「成長のS字カーブ」。すべての成長はS字カーブを描くという法則です。

上の図をご覧ください。

費やした時間が横軸、成果や結果を縦軸とし、右上がりになっているのが「成長曲線」です。見ると分かりますが、成長は、正比例のように右肩上がりの直線ではありません。

これは、勉強に限らず、ピアノやギターのような音楽、サッカーやテニスのようなスポーツでも、人は何か新しい能力や技術を身につけようとするとき、どんな人でも必ずこのSの字のような曲線を描いて成長、上達していきます。

では、曲線をよく見てみましょう。

はじめの部分はしばらくの間、横ばいのような状態が続きますが、あるとき急にカーブが立ち上がり、ぐっと上のほうへと伸びていきます。

このことは、「かけた時間と労力が目に見える成果として表れるまでには、それなりの時間が必要である」ということを示しています。

この、努力をしても変化が表れない時期は、「発芽」の時期といえます。

種をまいて水をやっても土の表面に何の変化も見えません。けれど、地下では、種の中では発芽のためのエネルギーが頂点に達しているのです。

また、この時期は、鳥が卵を抱いている期間にも似ています。

鳥が抱いて温めている卵は、外から見る限り何の変化も見えません。しかし、殻の中では、黄身と白身のどろどろとした状態のものが、ひなの形になるために爆発的に成長しています。

種も卵も、はじめのうちは変化が見えないため、「なんだ、育てたってだめだな」「もうやめようか」と思ってしまいがちです。

しかし、この横ばいの期間はいわば成長の助走期間。ここがある意味、重要な踏ん張りどころなのです。

成長を実感すると楽しくて仕方なくなる

発芽や雌伏期間に似た横ばいの状態でもあきらめずに頑張り続けると、ある時期を境に急激なスピードで成長が見え始めます。

93ページの図で示したように、それが「立ち上がり」です。

人の自信が生まれるのは、まさにこの瞬間で、この瞬間を迎えるまでは、「本当にこれを続けて意味があるんだろうか」「もしかして、自分には向いていないのではないか」と、不安を抱えるものです。

英会話を学んだ人なら分かるかもしれませんが、はじめのうちは相手が何をいっているのかちんぷんかんぷんです。それでもあきらめずに英語を聞き続けていたら、突然、単語の一つ一つが聞き取れるようにして理解できるようになります。

「あ、分かった！」「あ、聞き取れる！」

と感じる瞬間です。それが、図で示す立ち上がりの部分です。

「伸びる人」「伸びない人」などと言われることがありますが、実は両者の分かれ目は、この立ち上がりのポイントを迎えられるか否かなのです。

横ばいの期間に、目に見える成果が感じられないのを理由に、あきらめたり、挫折してしまい、脱落していくのが「伸びない人」で、横ばい期間も腐らずに努力を続けて、立ち上がりのポイントを迎える人が「伸びる人」となります。

私は、どんな人でも必ず、この立ち上がりのポイントを迎えられると信じています。ただし、そのポイントを迎えるまでの長さや努力量は、千差万別です。

勉強に関しては、立ち上がりのポイントまでとても時間がかかったけれど、スポーツに関しては、あっという間にそれを迎えるという人もいるでしょう。また、勉強の科目やスポーツの種類によっても個人差があります。

けれど、この「立ち上がり」を迎えられると、「できるようになった！」と成長が体感できるので、楽しくて仕方なくなるのは共通です。

ここからは、成長の好循環に入るので、やればやるほど成長を実感できる幸せな時間を迎えることができます。

何度も何度も「壁」にぶつかり乗り越えていく

立ち上がりを迎え、やればやるほど伸びを感じる時期も、ある程度のところまでいくと、徐々に成長の速度が鈍くなってきます。そして、止まるのです。

そんなときを、「壁にぶつかる」などと表現されることが多いでしょう。

たとえば、学校の部活動で野球を始めた人に置き換えて考えてみます。

春、野球部に入った人が、キャッチボールやバッティングの基礎練習を繰り返していると、それなりにうまくできるようになります。形になってくるので練習も楽しいでしょう。

ところが、入部から半年くらい過ぎると成長の速度が失速し、何となくマンネリというか、以前ほど練習が楽しくなくなってしまいます。

「あぁ、俺の成長もここまでか……」、などとネガティブな思いが膨らんで、練習に身が入らなくなったり、それまで熱心に出ていた自主練習を休むようになったり、ずる休みをして友達と遊んでしまったりといった人も出てきます。

しかし、成長の速度が失速し、壁にぶつかったように感じられても、それは単に、「成長の最初のサイクルが終わった」だけのことなのです。

すべての成長は「S字カーブ」を描く

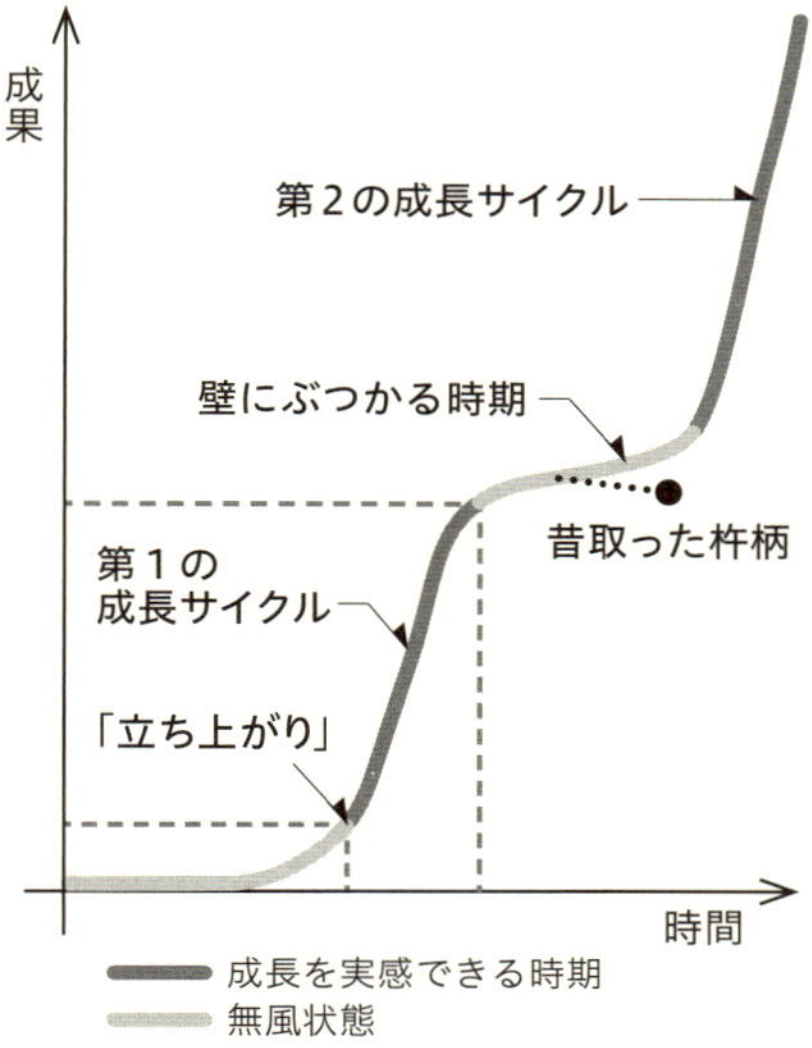

上の図をご覧ください。

立ち上がりの部分から、ぐんぐん右肩上がりに成長していきますが、あるところまで行くと、それが横ばいのように見えます。

そして、また踏ん張って練習なり勉強なりを続けていくと、次の立ち上がりのポイントがやってきます。

「よし、分かった！」「うん、でき

る！」と感じ、自信がつく瞬間です。

立ち上がりのポイントを超えると、また成長の曲線はぐんぐん上に向かって伸びていきます。

成長のＳ字カーブはこの繰り返しによって、どんどん力をつけていくのです。

つまり、成長を続けられる人というのは、このＳ字カーブを何度も何度もつなぎ合わせていける人なのです。

オリンピックに出るような優秀なスポーツ選手は、何度も何度も壁にぶつかり、それを乗り越えていきます。

見方をかえれば、「壁にぶつかる」というのは、横ばい期間を乗り切って立ち上がりを経験し、さらに努力を続けてこそ体験できるもの。世の中には、この壁にぶつかることすらできない人がたくさんいるのです。

もし、子どもが何かを習得しようと懸命に努力を重ねているとき、なかなか成果が見えないからと言って、親のほうが「この子は筋が悪いのね」などと思い込み、「○○はうまくいかないみたいだから、違うこともやってみれば」などと言ってはいけません。

成果が外から見えないとしても、努力を続けている限り、着実に力をつけているのです。

大人でも子どもでも、一度でも「できた！」「自分はこれができるんだ」という体験をすると、自信が生まれます。

その感覚は本当に気持ちが良いので、「もう一回、あの気分を味わいたい」と思い、それが努力のモチベーションとなるのです。

本当は、このS字の成長曲線を何度もつなぎ合わせるのが理想なのですが、第一のサイクルを少し超えて壁にぶつかったところで、次のサイクルに進まずに止まっている人がたくさんいます。

そこそこはできているけれど、そこそこどまりです。

たとえば、ピアノの練習をして、ある程度弾けるようにはなっているけれど、「とりあえず弾けます」程度。もう少し努力を続ければ、きっと次の成長が待っているはずなのに、もったいないことだと私は思います。

子どもたちは、さまざまな壁にぶつかりながらそれを乗り越えることで成長していきます。

しかし、壁にぶつかっているときは先が見えない不安でくじけそうになることもあるでしょう。

そこで、「すべての成長はS字カーブを描く」ことを知っておき、「今は立ち上がりの前だからちょっと苦しいかもしれない」「でも、そこを乗り越えればぐんと楽しくなるはず」「成長が止まったんじゃなくて、次の段階に進んだんだよ」と、サポートできれば、子どもは精神的に楽になるでしょう。

なぜなら、「先の見えない努力」は苦痛でも、「先の見える努力」は苦痛ではないからです。

一つの自信によって大きく前進できる

子どもでも大人でも、自分の中で「○○には自信があるんだ」というものがあると、本人の大きな力になります。

それは、部活動で実績を上げるでもよし、友だちから「お前は信頼できる奴だ」と言われるでもよし、ボランティアをやって感謝されるもよし、どんなことでも「自分の得意なことはこれだ」と感じて、いい気持ちになる。そういう体験がとても大切なのです。

また、うまくいかなかったことが、何かのきっかけでうまくできる。「あぁ、こうすればいいのか」と思った瞬間、それは自信に変わります。そうなると、やることが楽しくなってくるのです。

アメリカで生活していたとき、近所に小学生の兄弟が住んでいました。うちの子どもたちと年齢が近かったので家族ぐるみで仲良くしていたのです。

彼らといろんな話をする中で、「自信を持つことの大切さ」を感じさせるエピソードがあったので、それを紹介しましょう。

高学年のお兄さんはしっかり者のタイプで、弟のほうはどちらかといえばおとなしいタイプ。強気なお兄さんがシャイな弟をいつも守っているような、はたから見るととても微笑ましい仲の良い兄弟でした。

アメリカでは夏休み、子どもたちは親元を離れてサマーキャンプに行くのですが、日本では考えられないほど長期間のものがあります。

お兄さんは高学年の時に6週間ほどあるサマーキャンプに参加し、ベストキャンパーに選ばれました。ベストキャンパーといっても一人だけが選ばれるわけではなくて、いろんなベストがあるんですね。アメリカは子どもをほめて育てる文化があるので、そうやって子どもに自信を持たせるわけです。

それで、弟の年齢が上がって、お兄さんの行ったのと同じサマーキャンプに参加することになりました。

お兄さんにかばってもらうことが多かった引っ込み思案の弟でしたが、「ボクも兄さんみたいに、ベストキャンパーに選ばれたい」と思ったのです。そこで彼はお兄さんに相談しました。

「ねえ、どうやったら、ベストキャンパーに選ばれるの？」

「掃除したんだよ。キャビンの周りを毎日ね」

「そうしたらベストキャンパーに選ばれたの？」

「うん。だからお前も、きちんと掃除をしていたら、ベストキャンパーをとれるかもしれないよ」

「分かった！　やってみる」

そうして、弟はキャンプに行ってそれを実践したんですね。

もしかすると、いつも守ってくれるお兄さんがいないキャンプは不安なこともあったかもしれません。それでも、彼は一生懸命、お兄さんのアドバイスを実行したのです。

結果、彼はめでたくベストキャンパーに選ばれました。いつもお兄さんに守られている子だったからこそ、自分の力で勝ち取ったベストキャンパーは、どれだけ晴れがましい評価だったでしょう。

その後、彼には大きな変化が表れました。

いつもお兄さんに守られていたのが、もう一人でも大丈夫だと。お兄さんが助けてくれなくても、自分で何とかできるんだと、大人の階段を一歩上るように成長したんです。

その話を聞いたとき私は、自信を持つということの大切さをつくづく感じたのです。

子どもが伸びるタイミングはいつでもある

私は、親御さんを対象にした講演会の中でも、よく、「子どもをほめて育てましょう。そして自信をつけてあげることが何より大切です」という話をします。

そんな中、「小さい子どもならそれも分かりますが、うちはもう、中学生になってしまったのです。いまさら、ほめて育てるという年齢でもないのですが……」と困った顔で言ってこられたお母さんがいました。

実は、このお母さんのように、子どもの成長に期待しながらも、「もう手遅れじゃないか」などと思う方は少なくないのです。

しかし、ダメダメの新入社員があることをきっかけに飛躍的に伸びることがありますし、さらに言えば、定年後に始めたボランティアをきっかけに、感謝されることを知り、自己肯定感が上がって人生を輝かせる人もいます。

つまり、人は生きている限り、「もう伸びない」などということはないのです。

もちろん、小さな子どもをほめるように、中学生高校生を「いい子だね」「偉かったね」と言えば、「バカにするな！」と反発されるかもしれません。

また、勉強に関しては、もう親が口を差し挟める領域ではありませんから、「計算が速くなったね」「字がきれいにかけるようになったね」といったほめ方もできません。

しかし、まさに大人の階段を上ろうと、自立しようと葛藤しているわけですから、彼らが大人への準備、大人の生活としての準備の面をよく見て評価してやることはできます。

もちろん、ここでも、周りの子どもと比較してはダメです。あくまで、その子の過去と現在を垂直に比較して、

「一人でも朝、起きられるようになったじゃない」

「昔は言われないと準備ができなかったけど、今は自分でやれるようになったね」

「脱いだ靴下をちゃんと洗濯機の中に入れてくれるようになって助かったわ」

など、何でもいいのです。

もしかして子どものほうは、「別に当たり前だろ」と、そっぽを向いてしまうかもしれませんが、くるりと後ろを向いて、にやっとしているかもしれません。

いつも近くで見ているからこそ感じられる成長。いつも一緒にいる親だからこそほめられるポイントが、気をつければいくらでもあるのです。

また、「ありがとう」とか「助かった」などという言葉も、子どもにとっては非常に心地よく、自信につながります。

そして、前に紹介したアメリカの兄弟の弟のように、一つの自信が全体を底上げするのです。

第5章

壁にぶつかっても乗り切れるコツ

「知識の量」が変化すると「知識の質」が変化する

「量の変化は質の変化をもたらす」という考え方があります。

これは、ヘーゲル（ナポレオンが活躍した時代のドイツの哲学者）以来言われていることです。

私の専門分野の環境問題で考えてみると、空気の汚染、大気汚染の元凶はほとんど自動車です。けれど、世界にほんの数台しか自動車がなかった時代には、排ガスがどんなに汚れていたって空気は汚れませんでした。

けれど、車が大量生産されてものすごい数の自動車が走るようになると、とたんに空気が汚れて、大気汚染が問題になる。つまり、量が変化すると、質の変化が起きるというわけです。

では、これを「知識」に置き換えてみましょう。次ページの図を見てください。

量の変化は質の変化をもたらす

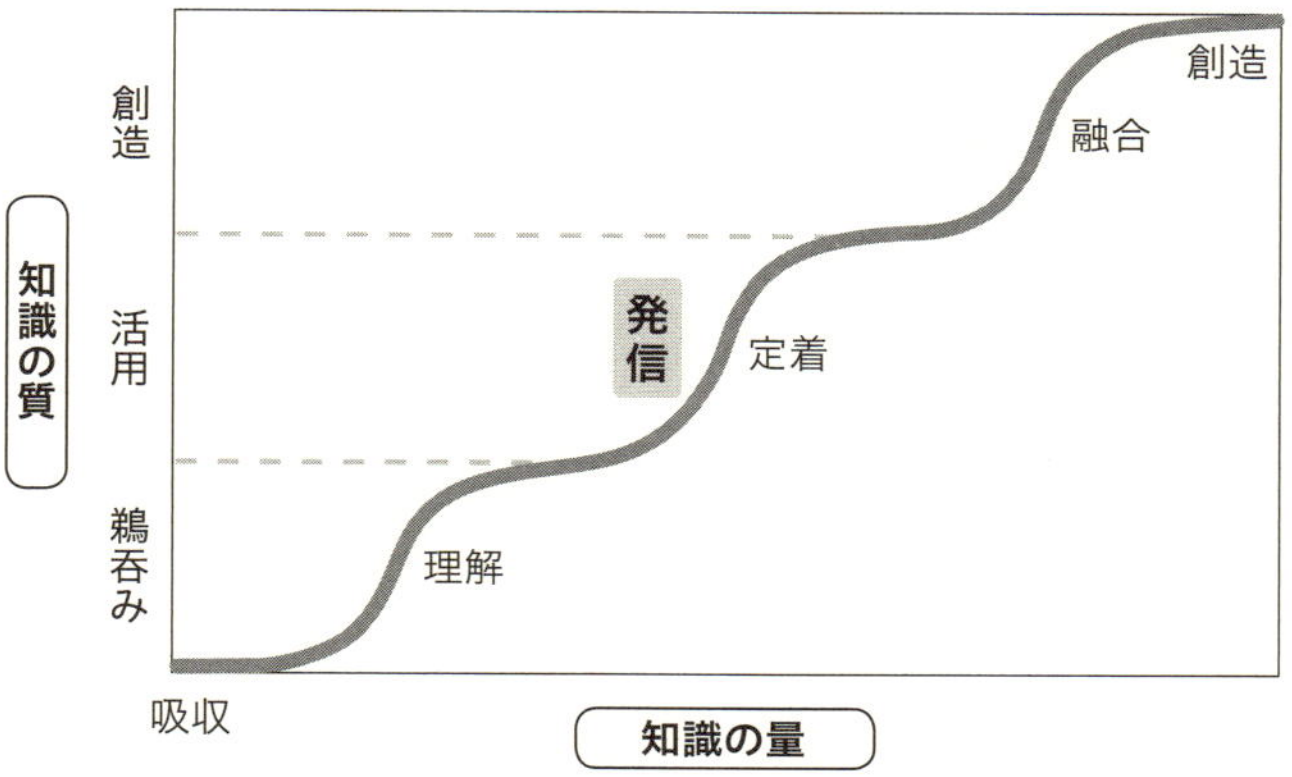

横軸が知識の量で、縦軸が知識の質です。

はじめは学校の授業などで新しい知識を教えてもらい、実験をしたり、テストで問題を解くなどします。この段階は、オウム返しに覚えて理解している状況で、とりあえずは理解ができます。

もちろん、勉強しなければ理解はできないけれど、そこで一生懸命勉強して理解した知識の量がどんどん増えていくと、あるところでたいてい、壁にぶつかってしまいます。

けれど、それ以上に知識を増やしていくと、今度は頭の中で「定着」ということが起きます。

理解と定着には大きな違いがあります。分かりやすく言うのなら、

「理解」の段階は、試験問題が解くことができる。

方程式が解ける状態。

けれど、自分が持っている知識がもう一段階上のところに到達して「定着」すると、今度は問題を解くだけではなく、問題を作ることができるようになるのです。

問題を作れるようになるというのは、「発信」ができるということ。発信というのは、自分が理解したことを他人に説明できることです。

そして、さらに知識の量が増えていくと、定着した知識が融合して新しいものができる、つまり「創造」の段階まで進むわけです。

まさに、「知識の量が変化すると、知識の質が変化する」状態です。

「知識を詰め込む教育では、創造力が発揮できない」などという人がいますが、これは明らかに知識に対する認識が間違っていると私は思います。「知識は詰めれば詰めるほど良い」のです。

そして、知識を本人に定着させるような教育をしていると、頭の中に点在する知識の島が、ふとしたタイミングでスッとくっつく。

「あぁ、あれとあれを組み合わせれば、こんなことができるんだ」。それが発明。つまり創造です。

図で見ると難しく見えますが、これはどんなご家庭でも簡単にできることなのです。

家庭の中で知識を定着させる工夫

まず、図の左側、知識の量が徐々に上がっていく段階、これは、学校なり、周りからの情報なりによってどんどん知識が増えている状態です。

これを「定着」に結び付けるには、子どもが学校で習ってきたことを親が生徒役になって教えてもらえばいいのです。

たとえば、次の会話を見てみましょう。

「今日ね、学校で磁石の実験したんだ」

「へぇ、どんな実験だったの？」

「磁石と磁石はくっつくんだけど、くっつかないこともあるんだ」

「ふーん、くっつくのと、くっつかないのがあるんだ」

「あのね、S極とN極があって、SとNはくっつくけど、SとSだとだめなの」

「S極とS極だとくっつかないのね」

「くっつかないっていうより、離れちゃう。NとNも離れちゃう」

「そうなの。不思議だね」

「あとね、釘を磁石でこすると、磁石になるんだよ」

「釘が磁石になっちゃうの？」

「そう。他の釘がくっついたもん。磁石でこすらないとくっつかないんだよ」

「すごい、知らなかった。お母さん勉強になっちゃった」


たわいない親子の会話に見えますが、ここには子どもが伸びる重要なポイントが隠されています。

人に何かを教えるということは、内容を理解して、頭の中で整理して伝えないとうまく伝えられません。

もちろん、子どもははじめから理路整然と伝えることはできませんから、つっかえつっかえだったり脱線もするでしょう。そんなときに親が、子どもの話したことをオウム返しにしたり、うまく話せるように少しだけ言葉を足してやると、子どもは頭の中が整理できます。

そして、親が「知らなかった」とか「すごいね」とか、熱心に耳を傾け、ほめてくれると、子どもは嬉しくてたまりませんから、もっともっと話をしたくなります。自分の頭の中にある知識を引っ張りだして、親に見せようとするのです。つまり、頭の中がフル回転している状態です。

だから、子どもに話をさせること、ほめることが大事なのです。

そして、子どもは親に教えることで頭の中の知識が定着していきます。そして、いったん定着した知識はしっかり頭の中に残ります。

自転車は一度乗れるようになると、その後、しばらく乗らなくても乗れなくなることはありませんね。知識も同じです。定着したら忘れることはないのです。

子どもの学力を伸ばそうとして、自分が先生になって必死で教え込もうとする親御さんがいますが、それはやめましょう。

子どもは親が勉強を教えなくても、いろんなところで習ってきます。さらに、親と先生は別物です。家で教えたってろくなことはありませんし、親が教えられるものではありません。

それより、親が生徒になって子どもに教えさせる。これほど確実な復習方法はないのです。

子どもの興味の半歩先にご褒美をまく

子どもはよく観察すると、好きなことだったり、得意なことが必ずあります。

こういうところを私は「尖った部分」と呼んでいます。

親はこの尖った部分を見つけて、子どもが夢中になっていることの半歩先にいけるようなご褒美を投げてやるといいでしょう。チョイ足しです。

たとえば、電車が好きな子がいるとします。そういう子は一緒に電車に乗ってやります。そして、駅に止まるたびに、「今は○○駅だね」と話をします。路線図を持っていけばなお分かりやすいでしょう。

そして、帰宅してからまた路線図を開いてみて、「今日はこの電車に乗ったね。この駅とこの駅に止まったよね」と話せば、自然と地図の概念ができます。

また、路線図はたいがい漢字で書かれているので、漢字を覚えることができます。子どもは好きなことなので、得意になってどんどんやります。

「じゃあ、次の駅名は自分で読んでごらん」のように水を向けると、漢字もひらがなもあっという間に覚えてしまいます。好きなことはどんどん吸収できるのです。

ドリルブックを開いて、「さぁ、漢字を覚えましょうね」というのではなく、興味のあることをやりながら、自然にいろんなことを学習しているのです。

また、駅名が記された駅名標にはよく見ると、漢字やひらがなのほかに、ローマ字表記もありますし、中国語やハングルも書かれています。もしかしたら、そうした文字も覚えるきっかけになるかもしれません。

さらに、電車好きの子に時刻表を与えれば、時間の概念が身につきます。子どもからすれば好きなことをやってるだけなのに、それがいつの間にか勉強になっているというわけです。ご褒美まきのタイミングや種類は限りなくあります。

子どもには、いわゆるマイブームと呼ばれる時期があります。ヒーローものにはまってみたり、ポケモンが好きになったり。たとえば、ポケモンはいろんな種類があって、植物や動物、昆虫などがモチーフになっています。

それなら、図鑑を一緒に見ながら、「これは、あのポケモンとそっくりだね」「この花は○○というポケモンのもとになったんだよ」などと話しながら、興味の幅を広げてやることができます。

図鑑を見ていれば、読めない漢字も出てくるでしょう。そのときは、それを読むために辞書を一緒に引いて、辞書の使い方を教えればいいのです。興味のあることを知るためだから、辞書を楽しく使えるようになります。

最初のうちは、親も一緒に辞書を引いてあげて、「ああ、こういうふうに出ているんだね」と、出だしのところをサポートしてやるのです。

「辞書は勉強するために必要だから使い方を覚えましょう」ではなく、子どもの興味のある分野で渡してやることが大事なのです。

もっともっとハイレベルなエサをまくのなら、遊園地のジェットコースターに乗りながら、「どうして体が引っ張られるんだろう」「どうして、飛ばされてしまわないんだろう」という疑問から、遠心力や重力の学習につなげることもできるのです。

子どもというのは親に似ますから、好きなことも共通のケースが多いです。だからこそ、子どもの尖った部分を伸ばしてやるのに、親は最適な人材なのです。

東大生のアンケートでは、「親は自分の話を聞いてくれました」

小学校では２０２０年度から、中学校では２０２１年度から、アクティブ・ラーニングが導入される予定です。しかし、具体的にどんな学習方法かというと、よく分からないという方も多いのではないでしょうか。

アクティブ・ラーニングとは、文部科学省の定義では、

「教員による一方向的な講義形式の教育とは異なり、学修者の能動的な学修への参加を取り入れた教授・学習法の総称。学修者が能動的に学修することによって、認知的、倫理的、社会的能力、教養、知識、経験を含めた汎用的能力の育成を図る」

とあります。

かみ砕いて言うのなら、子どもたちが自ら学ぼうと意欲を持ち、進んで学習する方法です。

具体的には、

- 自ら問題点を見つけ考える
- 自分の意見や考えを相手に伝える
- 相手の意見を聞いて考える
- 必要な情報を、自ら取捨選択する
- 情報をまとめ、分かりやすく発表する

などの項目があります。

これまでの学校教育では、教師が教えたものを生徒が覚えて、テストで点数を取るという考え方が基本でしたから、がらりと内容が変わる印象を受けるでしょう。

今までの受け身の学習方法では、自分の意見を述べたり、考えを発表したり、周囲をリードできる人材が育ちにくく、国際社会の場に出たときに競争力が弱いということから、アクティブ・ラーニングが取り入れられることになったのです。先ほどの知識の量と質の関係のところで述べた、知識の定着を目指した教育法が、アクティブ・ラーニングです。

私は親御さん向けの講演会をやることがあるのですが、その場で、「これからアクティブ・ラーニングを実践してみましょう」と声をかけることがあります。

なぜなら、今の受験生の親はアクティブ・ラーニングを経験したことがないからです。

具体的には、こんな流れです。

「これから皆さんに、英語で1分間の自己紹介をしてもらいます」

「2分間、考える時間を差し上げますので、準備をしてください」

私がこう話すと、皆さんの顔色がさっと変わって、真剣に考え始めます。それまで、ゆったりと私の話を聞いていた方の表情ががらりと変わるんです。

途中で、「さあ、1分経過しました」と伝えると、さらに皆さん必死の表情です。そして、2分が経過したところで、

「さあ、2分が経過しました。時間の都合で、発表してもらうことはできません」

というと、肩透かしを食らったような、ほっとしたような表情に変わります。

そこで私は、「皆さん、準備していた2分間の時間を思い出してください。きっと頭の中はフル回転していたと思います」と話すのです。

自らが発言するか否かで、頭の回転はまるで違います。ただ聞いているだけでは、頭は休憩しているのです。

日本では、進んで発言したり、意見を主張するのを良しとしない傾向があります。俗に「出る杭は打たれる」という考え方です。しかし、ただおとなしく聞いているだけでは、今後、さまざまな国の人や異なる文化を持つ人々との交流の中では、マイナスのイメージを与えてしまいます。

「何も考えていないのか?」「自信がないのか?」などと思われてしまうのです。

そして、このアクティブ・ラーニングは、子どもが小さなうちからどんなご家庭でもできるので、ぜひ取り入れてください。

それは、子どもにしゃべらせることです。

先ほどの、1分間の英語の自己紹介を思い出してください。

講演に参加してくださった親御さんたちは、中学校と高校で6年間の英語を勉強している方が多いと思います。

では、6歳の子どもにしゃべらせることを考えてみましょう。子どもはだいたい1歳半か

2歳くらいからしゃべり始めますから、日本語をしゃべり始めて4年程度ということになります。

大人は6年間も英語を学んだにもかかわらず、たった1分の自己紹介でキーッとなって頭をフル回転させるのですから、それよりも、短い期間しか日本語をしゃべっていない6歳児に話をさせることが、どれだけ頭を使うか分かるでしょう。

前にも書きましたが、東大生184人アンケートでは、「親は自分の話を聞いてくれましたか？」という質問に対し、90・7%がYESと答えています。つまり、賢い子が育った家庭の親御さんは、子どもの話をしっかり聞いてやることで、子どもの脳をフル回転させていたことになるのです。

6つの疑問詞・5W1Hがそろうように話を引き出す

個人差はありますが、子どもは立て板に水のようにはすらすらと話せません。話があちこちに飛んだり、肝心な部分が抜けていて内容がよく分からなかったり……。

そんなときに、「あなたの話はよく分からない」と否定したり、「忙しいからまた今度ね」と取り合わなかったら、子どもは話すことをやめてしまいます。

また、聞いているふりをして、心ここにあらずでも、子どもは敏感に感じ取り、話しかけることをあきらめてしまうでしょう。

それは単にコミュニケーションが希薄になるだけでなく、頭をフル回転させて伝えようとするチャンスを奪ってしまうことに通じます。

日々の生活の中で、効率的にできる勉強の機会を親が台無しにしてしまうことと同じなのです。

親は、できる限り子どもの話に耳を傾けてください。もし、どうしても手が離せない状態だったとしたら、「あとでゆっくり聞かせてね」と伝え、必ず約束を守ってほしいのです。

そして、話を聞く際には、６つの疑問詞を上手に使ってください。

たとえば、小学校から帰ってきた子どもが、「今日は面白かった」と言ったとします。そうしたら、「へぇ、何したの?」というように、一つだけ疑問詞を投げかけます。

「伝言ゲームした」「ドッジボールやった」などという子どもの答えに対し、また、「ふーん、誰と?」とか「どこで?」のように疑問詞を与えると、ブツ切れだった言葉と言葉がつながっていきます。

親は、６つの疑問詞・５Ｗ１Ｈ（いつ、どこで、誰が、何を、なぜ、どんなふうに）がそろうように話を引き出し、それを繰り返していくと、子どもは「ああ、そういうふうに言えば一回で話が分かってもらえるんだ」ということに気づきます。

そして、次第に６つの疑問詞にきっちり答えられるようになると、話すことが論理的表現になります。

さらに、論理的表現ができるようになると、他人の話を聞いても、文章を読んでも、論理的に理解ができるようになるのです。

「論理的に理解する」というのを別の言葉で言い換えると、「読解力が身につく」ということになります。

前に、親が生徒役になって子どもに勉強を教わると復習になるとお話ししましたが、さらに、論理的表現や読解力も身につけられるのです。

そして、子どもにとって親が自分の話を聞いてくれることは、「お母（父）さんは、自分をちゃんと見ていてくれる」という気持ちにさせ、精神的な安定をもたらすのです。

多くの親御さんが、「どうしたら賢い子に育つのか」「どうやったら、考える力が身につくのか」と悩んでいますが、子どもに話をさせるというだけで大きな効果を生み出すのです。そのため、「勉強しなさい」とがみがみ言って、子どものやる気をそぐ心配もないのです。

どんなご家庭でも、子どもの話を聞くことはできるはずです。今日から実践してみましょう。

頭の中で知識を整理しコンパクトにまとめる作業をする

勉強はできるだけ短い時間で理解できるように頑張ればいいし、自分なりの勉強方法を考えるべきだと、私は思います。

短時間で勉強を済ませられれば、その分部活動や好きなことに時間を使えるからです。

私自身、高校時代はいろんなことをやっていたためとても忙しかったので、できる限り短時間で勉強を済ませられるように工夫しました。

歴史などの暗記ものは授業中しっかりノートをとって、授業が終わった休み時間に、一回見直して頭に入れます。そうしたら、試験の前日に見直すだけ。要は、知識を定着させる方法を自分なりに作ればいいのです。

以前、授業中にもかかわらず、口の中でぼそぼそと何か言っている生徒がいました。何を言っているのかと思ったら、「リヴァイアサン」とか「名誉革命」とか、ゴチョゴチョ言いながら両者を関連付けて覚えていたのです。それが彼流の勉強法というわけです。

カタカナの言葉は一般的に覚えにくいのですが、一回発音できれば頭に残りやすいので、こうしたことも工夫していたのかもしれません。

工夫と言えば、試験勉強で最も有効なやり方があります。それはカンニングペーパーを作ることです。

そんなふうに言うと、カンニングを推奨しているように思われそうですが、本当にそれを試験時に使うのではなく、知識を定着させるための道具として使うのです。

カンニングペーパーは、小さなサイズに試験に出そうな重要なところをまとめて書きます。スペースが限られていますから、何が大事なのか、どうやったら関係性が分かるのかなどを考え抜いて作らねばなりません。

つまり、作る間に頭の中で知識を整理しコンパクトにまとめる作業が行われるのです。ですから、それができあがった頃には、すっかり中身を覚えてしまうというわけです。

前に、子どもが授業の内容を親に教えることで知識が定着するとお話ししましたが、カンニングペーパーは、現在の自分が、試験を受ける未来の自分に教えるための内容を記しているのです。それも、狭いスペースに書き上げるために、咀嚼《そしゃく》して定着した知識をアウトプットしているのです。

非常に効率的な方法だと思いませんか。

時間をかければかけるほど、勉強の成果が上がるわけではありません。

自分なりに「これがいい！」と思う方法を見つけ、集中して勉強する方法を私はおすすめします。

第6章

学習意欲を育てる方法

親は、大人と子ども、二つの目線を持とう

一昔前の親世代と、今の親世代の違いについて質問されたことがあります。細かく言えばいろいろありますが、大きいところでは、「どのような教育の場を経験しているか」、ということが上げられるでしょう。

文部科学省の調査によると、１９５４年の大学進学率は７・９％（男13・３％　女２・４％）で、２０１７年には、52・６％（男55・９％　女49・１％）で、63年の間に43％も上昇しているのが分かります。

つまり、昔の親の多くは大学進学を経験しておらず、中には高校進学をしていない人も含まれています。そうなると、「高校って？　大学ってどんなことをするの？」という世代と

いうわけです。

しかし、今時の親は当たり前のように高校に行き、大学進学を経験した人も多いため、子どもたちの受験についてもいろんなことが見えてしまいます。その結果、親目線から離れられないのです。

大人対子どもという関係で子どもの養育を考えるとき、勉強というものに関して、すでに大人としてできあがった親が「勉強しなさい」と強要するのは決してうまくいかないと思います。

親は子ども時代を経験した大人です。ですから、本来なら、大人の目線と子どもの目線の二つを持っているはずです。一方、子どもは、子ども時代しか経験していません。

親から「勉強というのはこういうものなんだ」と言われると、反論ができないのです。

だからこそ、親は自分の子ども時代に立ち戻り、「自分が親から言われて嫌だったこと」「親にこんなふうにしてほしかったということ」「親にこんなふうにしてもらったときに嬉しかったこと」を思い出してほしいのです。

そうすることで、子どもの心理状況が分かり、我が子をよりよく育てる方法が見えてくるはずです。

男の子と女の子の育ち方には差がある

「男親は女の子に甘く、女親は男の子に甘い」というのはよく言われることです。

その理由は、同性の子どもであれば、自分の過去を振り返って「あのときはこうだった、ああだった」と分かりますが、異性は違います。未知の存在故にどうしても甘くなってしまうのです。

そのため、男の子の子育てに不安を抱えるお母さんは少なくありません。

もし、お母さんに兄弟が居たとすれば話は違いますが、姉妹しか居なかった、あるいは一人っ子だった場合には、成長過程の男の子のことはちんぷんかんぷんでしょう。

父親や夫といった成熟した男性のことは分かっても、そこに至るプロセスを知らないからです。

一昔前なら、近所の赤ちゃんを抱いたり、小さな子の世話をしたりといった経験がありました。しかし、核家族化が進んだせいで、はじめて抱いた赤ちゃんが我が子であるという人が珍しくない時代なのです。

異性の子育てに戸惑うお母さん方の心情は理解できます。

たとえば、勉強の仕方一つとっても女の子と男の子では違いがあります。

もちろん個人差はありますが、傾向として、女の子はコツコツと地道に勉強しますが、男の子は短時間でどかんどかんとやるのです。

けれど、コツコツ勉強をして受験に成功したお母さんからすると、試験の直前にまとめて勉強する男の子にやり方に腹が立って仕方ないのです。

教育は保守的だと前にも書きましたが、親は自分の経験してきたことを土台にして次の世代を育てていきます。

「私は学校から帰ってきたら、毎日ノートをきれいにまとめ直し、単語を一日5個覚えるという目標を立ててやってきた。そのおかげで志望校に入ることができた」

そういう成功体験があるお母さんは、息子にも同じ方法を勧めようとしますが、うまくいくものではありません。男の子と女の子は違うのです。

また、「一姫二太郎」は子育てがしやすいと言われますが、現在はかえって子育てを難しくしているという例もあります。

一人目の子どもが女の子だと、母親は同性ということもあり、特に子どもが小さい頃はそれほど苦労なく子育てができます。しかし、その成功体験を二人目の男の子に当てはめようとするとうまくいかないのです。

「お姉ちゃんは帰ってきたら、黙っていても宿題をやったのに」「お姉ちゃんは整理整頓ができたのに、あなたはどうしてできないの?」と叱ってしまうことが増えるからです。

子どもの成長は、その子の過去と現在を垂直に比較しなくてはならないのに、姉と弟の水平に比較をしてしまうのは最悪です。

こんなとき、父親が一言「男なんてそんなもんだよ」と助け船を出してくれればいいのですが、父親不在の家庭も多いため、男の子は肩身の狭い思いをせざるを得ません。

そして、叱られてばかりいるので自己肯定感が培われず、自信のない子どもに育ってしまうのです。

だからこそ、親は、男の子と女の子は成長のたどる道が異なることをしっかりと理解し、自分のやり方を押し付けないよう注意しましょう。

英語の勉強は、早ければ早いほど本当にいい？

小学校では、2020年度の英語必須化に向け、その準備期間に当たる今、さまざまな取り組みを行っています。

たとえば、挨拶や自己紹介などの簡単な英会話を学んだり、英語の歌を歌ったりゲームを楽しんだり、外国の生活や文化を知り慣れ親しむなど、学校ごとにその取り組みの内容はさまざまです。

そうした状況を受け、親御さんの中では、「早く英語を習わせないと、置いていかれてしまう」「これからは英語が話せないとだめ。学校だけでは間に合わないから、英会話スクールに通わせよう」といった動きがあります。

確かに、日本は国際競争の波にさらされ、国際化せざるを得ない状況を迎えています。今後その状況は益々加速するでしょう。

子どもたちが社会の第一線に立つ頃には、もっともっと世界が身近になり、グローバル化も進んでいることと思います。

「どんなに高い能力を持っていても、言葉が壁になって活躍できなかったら困る。だから、早期の英語教育を！」という、親御さんの気持ちも十分に理解できます。

しかし、「一日も早く英語を学ばせる」という考え方については、親の好みの問題なのではないかと、私は思うのです。

英語にせよ他のことにせよ、人間というのは必要性を感じたときでなければ、なかなか努力できません。大人たちは「将来苦労するから、今のうちから少しずつでいいからやっておきなさい」と言いますが、それは大人の価値観です。

大人は、苦い経験をしているから言えることで、子どもにとって大切なのは遠く見えない未来ではなく、目に前の今なのです。

正直なところ、私は英語が大嫌いでした。

しかし、大学卒業後にSEの仕事を始めたら、スタッフはアメリカ人で、おまけに資料もすべて英語。英語ができないと仕事にならない、せざるを得ない状況に追い込まれて、英語を勉強し始めたのです。

子どもも同じで、ある程度の学齢になり必要に駆られたらおのずと勉強するのだと思います。

それでも、絶対英語を学ばせたいというのなら、極端な話、英語を勉強する代わりに、漢字の書き取りを免除する。それくらいの議論があっても良いと思います。

スクラップ&ビルドという考え方がありますが、ある新しいものごとに時間をかけるのであれば、その時間を確保するために、何かを捨てなくてはなりません。

もし、子どもに英会話を習わせたいというのなら、何をスクラップするかも同時に考えてあげると良いでしょう。

英語学習の前に母語・国語をしっかり学ぶ

英語の教育に関しては、いろんな考え方があると思いますが、早くから学ばせるかどうかは親の好みの問題かと思います。

そのことを改めて考えさせるのに、こんなエピソードがあります。私の知っている女性は、海外で仕事をする男性と結婚し、一児をもうけました。お子さんの名前を仮にA君としましょう。

Ａ君は、ロシアで生まれたため、ロシア人メイドに世話をしてもらって育ちました。つまり、生まれた直後の母語の形成期をロシア語で過ごしたということです。

そのあと日本に戻り、またしばらくしてシカゴで暮らして、今度は英語をあびて育ちました。

そういう生活を通じて、彼はロシア語も日本語も英語も話せるようになりました。はたから見ると、３ヵ国語を流ちょうに話せるので、うらやましい限りです。

しかし、当人はそのことについて、

「僕にとってcomfortable（落ち着いている・心地よい）な言葉はない」

という言い方をしているのです。

伝えるということをテーマに、ちょっと想像してみましょう。

たとえば、手塩にかけて育てた我が子が、結婚して家を出ていき、あなたは嬉しい気持ちと寂しい気持ちが混じり合って、複雑な心持ちでいるとします。そのことを英語を用いて伝えてくださいと言われたら、どうでしょう。

非常に難しいのではないでしょうか。

けれど、日本語であれば、「嬉しいんだけど、何となく泣きたくなるような気分」「ほっとするような、胸のどこかがスースーするようなそんな感じ」のように、微妙なニュアンスを伝えることができます。

このように、母語、我々にとって日本語は、自分を一番正当に表現できる言葉なのです。学問に関する言葉ではなく、自分を表現する言葉として母語は非常に重要なのです。

だからこそ、私は、「一日も早く子どもに英語教育を！」とは思いません。

自分の事をきちんと伝えられるような母語を確立させてあげるほうが重要だと考えるからです。母語がある程度確立した後に、外国語にさらすのはいいでしょう。

急いであれもこれもと詰め込むより、きっちり土台を作ることも大切です。

きれいな英語より、自分の意思を伝えるほうが大事

「ネイティブの教師による本格的な英会話」「講師陣はすべてネイティブなので、美しい英語が身につきます」のようなうたい文句の英会話教室をよく見かけます。

確かに、せっかく英語を覚えるなら、ネイティブの人に習ってきれいな英語が話せるようになりたいと思うのは当然です。

しかし、あまりそこにこだわる必要はないと私は思います。

というのは、私がハーバードにいたとき経験したのですが、ネイティブではない者同士でも英語力を高められると知ったからです。

たとえば、台湾人とは基本は英語でコミュニケーションしますが、お互い困ったら漢字を

用いて伝えあうこともありました。会話というのは、美しく話すことより、「相手に伝わる」ほうが重要なのです。

また、英語でネイティブ風の発音といっても、ネイティブであるアメリカ人、イギリス人、オーストラリア人は全部違う発音です。

私はニューイングランドにいましたから、アメリカ風の発音になれているため、イギリス風の発音を聞くと気持ちが悪いと感じるのです。

オーストラリア人の英語は「これが英語か?」と思ったこともありました。

最初にびっくりしたのは、DAY(日)を、「ダイ」と発音するのです。ですから、「スリーダイス」って言われたとき、「え、三人死んだの?」と思ったほどです。

一口にネイティブといっても、そのくらい違うのです。ですから、発音にそれほどこだわる必要はないと、私は思います。

子どもに宿題をやらせるのは親の義務？

「先生、宿題をやらせないと、親が恥をかくって感覚なんでしょうかねぇ……」

そう話を切り出したのは、知り合いの編集者でした。

なぜ、このような発言に至ったかというと、彼がお盆休みで実家に帰省した際、いとこの女性が頭から角を出す勢いで、我が子に宿題をさせているところに遭遇したからなのです。

気の毒な甥っ子は小学3年生、名前はM君としておきましょう。

M君は遊ぶのに夢中で宿題のドリルが予定通り進んでおらず、親としては、「このままだと、提出に間に合わない」と計算し、何とか遅れを取り戻そうと必死だったそうです。

「Mが遊んでばっかりいたから、こんなに宿題がたまったんだからね」

「やるといったのに、やらなかったのは、Mの責任なんだよ、分かってる？」

「もし、この宿題が終わらなかったら、Mが楽しみにしていたゼリーは、ママが全部食べちゃうからね。それでもいいの！」

と、次から次へと畳みかけるように叱ってみたり、脅してみたり。

しかし、それがだめだと分かると今度は、

「Mは国語は得意だよねぇ。ママ知ってるよ。集中したらすぐできちゃうよ」

「やる気を出して、ぱっとやっちゃえば気持ちがいいと思うんだけどなぁ」

と、なだめてみたり。

しかし、こじれ切ってしまったM君は寝転んだり、べそをかいたり、一向にドリルに向かおうとしません。

そこで、いとこは強硬手段に出ました。M君の手に鉛筆を強引に握らせ、体を起こさせ、半ば答えを誘導するようにドリルをやらせたらしいのです。

その様子を見ていたため、「宿題をやらせないと……」という、冒頭のセリフになったわけです。これは決して珍しい風景ではなく、日本国中、夏休み後半の風物詩と言っても過言ではないのでしょうか。

私からすると、そんなふうに宿題をやらせたところで、子どもの身につきませんし、親子ともにストレスがたまる一方でしょう。

親も意地になってしまっているようですが、こんなときこそ思い切って、「じゃあ、ゼリーを食べてエネルギーつけてからやろうか」といったほうがずっと効果的だと思います。

親御さんの中には、このいとこさんのように、「飴と鞭を使い分けて」という人がいるのですが、そういう人はやっぱり、親からそうやって育てられてきたのです。

そんなときこそ、子どもの頃に立ち戻って、「自分が叱られて宿題をやらされたときはどんな気持ちだったかな」と考えてみればいいのです。たいてい、嫌で嫌でたまらなかったはずです。それなら、繰り返すのをやめましょう。

学校の宿題というのは、親の問題ではありません。

言い方を変えれば、先生と子どもの契約なのです。それをどういう順番で、どういうふうにやるかはその子のやり方。

「子どもにちゃんとやらせないと、親のしつけがなっていないと言われないだろうか」と思う必要はありません。それどころか、「宿題はあなたの問題よ」と突っぱねることが大事なのです。それは、低学年であってもです。

低学年のうちに身につけた行動形態というのはそのまま続きますから、むしろ、低学年のうちから、「宿題というのは自分の問題なんだ」という意識を持たせることが大事です。

夏休みに、親が中心になって仕上げた立派な自由研究や図工の作品などが提出されることがありますが、先生はすべてお見通しですし、何の意味もありません。

それどころか、子どもが提出しなくて恥をかき、「次は出そう」と思ったり、他の子の作品と自分の作品を比べて「次はもっと工夫をして作ろ」などと思うチャンスを奪ってしまうのです。

親は、子どもの宿題に手を出すのではなく、相談に乗ってやるので十分なのです。

良い成績にご褒美のお金は要らない

「今度のテストで100点取れたら……」「学年で○○位に入れたら……」などのように、良い成績を取れたらご褒美としてお金をあげるという親御さんが少なからずいます。

欲しいものがあるけれど、高くて買えないという子どもからしたら、すぐに飛びつきそうな条件です。どうせ勉強はやらなくてはいけない、それならお金をもらえたほうが張り合いがあるというものです。

さらに、親としても、お金をあげることで子どもが頑張ってくれるのなら、こんな簡単な方法はないでしょう。

しかし、これは絶対にやってはいけないお金の与え方です。

たとえば、庭の草むしりをした、みんなの洗濯物を畳んで片付けた、窓ガラスを磨いたなどのように、労働に対して支払うお金はいいと思います。

労働してもらうお金は一生懸命やることに対しての報酬だからです。

また、労働の対価としてお金をもらうことで、「お金は働くことで得られるんだ。お父さんやお母さんが仕事をしてお金を稼いでくれるから、自分は食べていけるんだ」ということを子どもが身をもって学べるからです。

勉強をするのは本来自分のためなのに、インセンティブとしてのお金を与えれば、子どもの自主性を失わせてしまいます。

親のため、お金のために勉強をすると、目的意識をゆがませてしまうのです。

お金の教育は子どもにとって非常に重要です。どんなに学力が優れていても、秀でた才能を持っていても、お金の管理ができず浪費を重ねてしまったり、毎月、収入よりも支出のほうがうわまわるようでは自立できません。

お金は、与え方一つで、子どもの自己管理能力を育てるチャンスにもなれば、価値観をゆがませてしまう原因にもなることを、親はしっかり自覚しなくてはいけません。

「マンガなんて」という偏見はやめよう

ほとんどの親御さんは、「本をたくさん読む子に育ってほしい」と願っています。

そして、そういう方が想像する「本」というのは、いわゆる純文学や名著と呼ばれるものです。

もし、子どもにそういった本をたくさん読んでほしいというのなら、まずは、親自身が、純文学や名著に親しみ、それがいかに楽しいかを子どもに伝えてあげると良いと思います。子は親の鏡ですから。親が夢中になって読んでいるものには興味を示すでしょう。

また、「活字は読んでほしいけれど、マンガはちょっと……」と難色を示す親御さんも少なくありません。その理由は、「マンガは絵で表現されているので、想像力の育成の妨げになるのでは」と考えるからなのです。

しかし、それは誤解です。

まず、マンガは文章だけより絵があるぶん情報量が豊富です。情報がたくさんあれば、おのずと頭の中で考えます。また、文字にビジュアルが付くことで、メッセージが正確に定着するのです。

そして、マンガやビデオのようにビジュアルを足すと、新しい知識を得やすくなります。特に、言葉の概念だけでは、言葉が不十分な段階の子どもでは分からないことも多いのです。子どもは絵本から本に親しみ始めます。

大学生が、マンガで分かる経済学とか、マンガで分かる民法入門といった本を読むのは、導入として優れているからです。また、歴史を学び始めた子どもには、マンガと解説が一緒になっている本は読みやすく、興味を持ちやすいと思います。

「マンガやビデオに頼ると、文字を読まなくなってしまう」と心配される親御さんもいるのですが、それは全く逆です。

文字に親しませるには、まず「これは面白い」と感じ、そこからもっと知りたいと思うことが何より大切だからです。

日本のマンガやアニメーションは、想像する以上に世界で愛され、中には芸術作品としてとらえられているものもあります。子どもたちはそれを肌で感じているからこそ、夢中になって読んでいるのです。

「マンガなんて……」という偏見はひとまず置いておいて、子どもがなぜ惹かれるのかを興味をもって眺めてみましょう。きっと新しい発見があるはずです。

第7章

携帯とゲーム、子どもとの契約について

子どものスマホ、親には見る権利・義務が当然ある

以前、「子どものスマホの中身を見てもいいものでしょうか?」という質問を受けたことがあります。

その方は、自分自身も他人にスマホの中身を見られたくないし、子どもといえどもそこまで立ち入っていいものか躊躇《ちゅうちょ》しているとのことでした。

そこで私は、

「親がお金を払って契約しているのですから、当然見る権利があります。パスワードも必ず親は知っておかねばなりません。見ないと危ない部分もありますから、子どもを守るためにも見る義務があります」と答えました。

確かに、年頃の子どもは親に見られたくない内緒のこともあるでしょう。それはそれとして発達の段階として認めますが、スマホの中身を見る見ないとは問題を切り離さなくてはいけません。

親がスマホを見られるようにするというのは、不用意な大人の誘いから、子どもを守るためです。親の目から見れば「ん？　これはちょっと変だな」ということでも、子どもには気づかないことがいっぱいあります。

親世代ですら、詐欺師に簡単にだまされるのですから、子どもをだまそうとするなど朝飯前です。だからこそ、危険は危険として認識し、その兆候に対して親がすぐ対応できるようにしておかなくてはならないのです。

今時の子どもたちはデジタルネイティブで、生まれたときからスマホやパソコンが当たり前にあります。

前にも話しましたが、教育というのは保守的で、親が受けてきた教育を土台にしています。ところが、親が子どもの頃にはスマホはありませんし、パソコンだって今のように普及していませんでした。だから、家庭によって対応が異なってしまうのです。

「アプリとか、いろいろありすぎてよく分からないんだよね」では、今時の子育てには不足です。スマホやパソコンの与え方や使わせ方については、親の一般常識というか想像力が試されるのです。

そして、スマホを与える際には、親子でよく話し合いをし、きちんとルール作りをしておくことが重要なのです。

危険なサイトだけが危険なわけではない

子どもが見ているサイトが、いかにも怪しげなところなら親もすぐ対応しますが、ごく一般的なサイトだからといって完全に安心というわけではありません。

インターネット上にはいろんな情報が誰でも見られる状態で存在します。

前に、「量の変化が質の変化をもたらす」というお話をしましたが、情報というのは集約すると別の顔を持つのです。一つ一つは特に危険に見えない情報でも、それを集めることで違う意味が生まれることがあるのを、親御さんは知っておいてほしいです。

最近、自分の顔写真を撮影して、それを子ども時代の自分、老後の自分のように加工できるアプリがはやっています。また、自分の顔に動物の鼻や耳をつけたり、面白くアレンジできるアプリも流行して、たくさんの人がＳＮＳに載せています。

あのアプリでは、自分の顔のデータを送ることでそれを加工して返される仕組みですが、アプリの会社にはもとの自分の顔のデータ、利用者の顔のデータがずらりと残っているわけです。

それがどう使われるかは分かりませんが、そうやってインターネットの空間では、見えないけれど明確に相手が存在しているのです。写真を加工して楽しく遊んでいるつもりでも、顔写真という個人データを自ら渡しているのも同じなのです。

そういう意識を持つか持たないかで、インターネットとの関わり方は大きく変わってくるでしょう。

また、最近、デジタルタトゥーという言葉がよく使われるようになりました。デジタルタトゥーとは、いったんネット上に公開された書き込みや個人情報が、一度拡散されてしまうと、完全に削除するのは不可能であることから、入れ墨に例えて作られた言葉です。

拡散された情報は、きめ細かく追いかけると何十年後でも出てきてしまうため、就職に際して不利に働くこともあります。

ですから、私は子どもたちにこんな話をします。

「お風呂に入るときは裸になる。でも、道路で裸にならない。道路で裸になると法律に抵触してしまうからね。ということは、我々の生活には『内』と『外』がある。しかしインターネットの世界は、『内』の中に入り込んでしまった『外』なんだ」と。

バイト先で悪ふざけをしてそれをネットに上げるバイトテロもそうです。やっている本人たちは、内輪の悪ふざけのつもりでも、それがいったんネット上にアップロードされれば、信じられないスピードで拡散され、世界中にさらされるのです。

そのせいでバイト先には多大な迷惑がかかり、本人も生涯消えることのない傷、デジタルタトゥーを負ってしまうのです。

親も子も、インターネットを使う以上は、それが、「内に入り込んだ外」だということを、改めて認識しなくてはいけないのです。

ネットに鍵付きの密室はないと教える

子どもの成長が心配なとき、友だちを家に来させるのは良い方法です。

我が子がどういう友だちと付き合っているかは、友だちの風体や態度をみれば、たいていの親は分かるでしょう。

そして、どこかを境に、急に友だちの雰囲気ががらりと変わるようなことがあったときには、「あれ、ちょっと変だな」と対応することができますし、相変わらず似たような仲間とつるんでいるようなら安心できるでしょう。

ところが最近、子どもたちのコミュニケーションがスマホの中に潜り込んでいるのです。SNSで、自分たちだけのグループを作り、鍵をかけ、外からのぞかれないようにしてしまえば、親はそこでどんな会話がなされているのか、彼らがどんなことを考え、何をしようとしているのか分かりません。

それはそれで心配の種なのですが、それ以上に心配なのが、

「SNSで鍵をかければ、情報は一切外に漏れるはずがない」

と、子どもたちが信じ切っていることです。

たとえ鍵付きの部屋を作って、そこだけで会話しているとしても、もし、そのグループの一人が、その会話をスナップショットで撮って、それをどこかにアップロードしたら、密室は簡単に破られてしまいます。

たとえばAというグループとBというグループがあるとします。この二つのグループの中に、どちらのグループにも所属している人物が紛れ込んでいたとしたら、Aの情報はBへ、

Ｂの情報はＡに簡単に流されてしまいます。

つまり、インターネット上でやり取りをしている限り、絶対情報が漏れないなどということはありません。インターネット上に密室は存在しないのです。

つまり、「インターネットの空間にアップロードするということは、世界に向かって大声で怒鳴るのと同じ」です。

スマホは非常に便利な道具ですが、危険もたくさん潜んでいます。だからこそ、その危険性を親も知り、子どもと共有する必要があるのです。

ゲームやスマホの禁止は将来に適切でない

今時の子ども、特に男の子の親御さんが頭を痛めるものの一つに、ゲームがあります。一昔前と違い、今は専用のゲーム機だけでなく、パソコンでもスマホでも手軽にどこでも楽しめるようになったため、遊ぼうと思えば24時間どこでもゲームができるのです。

電車に乗っている大人たちの多くはスマホを眺めていますが、ゲームをしている人は決して少なくないはずです。大人だってハマってしまうのです。

それはなぜか。

たとえば、「読む」という行為は、自分から発動しますが、ゲームは向こうから発動してくるため、その世界に入りやすくできています。

自分の興味とかそういうものを表に出さなくても、向こうから面白おかしくアプローチしてくるので、ついつい夢中になってしまうのです。

親の中には、「ゲームなんてやらなきゃいいのに」「ゲームを禁止してしまいたい」と思っている方もいるはずです。

しかし、ゲームやスマホそのものを禁止するというのは、これから生きていく上で適切ではないと考えます。

その代わり、時間管理をきちんとさせる必要があるのです。

たとえば、中学受験では、2月半ばくらいに合格発表があり、4月の入学までに2ヵ月弱時間があります。子どもは、合格までは遊びたいのを我慢して受験勉強をしていましたから、その反動でゲームにはまってしまう子が出てくるのです。

特にやることのない時期なので、ひどい子になると昼夜逆転が起きます。

いったん昼夜逆転が起きると、元に戻すのは非常に困難です。そうなると、入学の頃には長期欠席のはじまりのようなことが起きてくるわけです。

せっかく苦労して合格した学校に、ゲームのために通えなくなるなんて、こんなばかばかしいことはありません。

だからこそ、親子でしっかり話し合い、ゲームをしていい時間の取り決めをしっかり行うことが肝心なのです。

ルールとは、自由と責任を覚えるチャンスである

私は中学校の入学式の際に、スマホやゲームについて、

「9時以降はやめなさい。この二つを遅くまでやっていることで、朝起きられなくなるからです」

と話をします。ただ、それには続きがあり、

「でも、朝、親に起こしてもらうのではなく、自分だけで毎朝起きられるようになったら、自分の裁量でやってもいいです。けれど、親に起こしてもらっている間は、9時以降の使用は禁止です」

と伝えています。

つまり「自由と責任の関係」です。

朝、自分できちんと起きるというのは大人としての責任です。だから、それを果たせるようになったのなら、大人としての自由を享受していい。ただし、自分で時間をコントロールして使いなさいと。

この世の中にはルールというものがあります。ゲームやスマホに関しても、家庭の中で時間管理として取り入れていく必要があるのです。

そんなとき、子どもたちは「○○さんと○○さんの家は、宿題が終わっているならゲームもスマホも制限がないよ」などと、少しでも自分に有利に働くような情報ばかりを集めてきて、親に交渉を持ち掛けます。

しかし、親は毅然《きぜん》とした態度で、「よそはよそ。うちにはうちのやり方があります」と言えなくてはいけません。スマホもゲームも親が稼いだお金で与えたものです。堂々と言い切っていいのです。

子どもと同じゲームをやってみるという選択

子どもがゲームに夢中になると、必然的に親子の会話が減ってしまいます。ゲームをしているときに無理に話しかけても煙たがられるだけです。

しかし、親も同じゲームをやってみれば、「○○って面白いよね」「○○のシーンではどうやってアイテムを取るの？」「レベルいくつになった？」「○○がどうしても倒せない、どんな攻略法があるの？」などのように、話のきっかけができるでしょう。

そもそも、思春期の子どもが親と話したがらないのは、自分たちの世界のことを理解できるように親に伝えるのが大変だからです。

友だち同士なら、ほんの二言三言交わしただけで、「ああ、そういうこと」と分かってもらえるのに、親に話すとなると、何から何まで説明しなくてはならないし、説明したところで「どうして？」「何で？」としつこく聞かれるからです。おまけに「それって良くないと思う、やめなさい」なんて余計なことまで言われかねません。

だから一言、「うるせぇ」「知らない」になってしまうのです。

親世代も、20歳も30歳も年代が上の人たちの世界観を理解するのは大変でしょう。熟年世代が好む懐メロを聞いても、何の感慨も生まれないでしょう。子どもだって同じです。

しかし、ゲームという共通した理解があれば、互いに一プレイヤー同士として会話ができるのです。

さらに、親のほうから、「教えて」「どうすればいいの？」などと聞いてこられたら、教えてやるほうとしてはちょっと気分がいいものです。

また、親子の会話という面以外にも、同じゲームをやる利点があります。

それは、子どもがどんなものにはまっているのかというのを知ると同時に、その後ろに危険なことがないのかを確認できるからです。

いまやゲームの世界は多種多様で、2歳くらいの子ができるものから、過激な内容を含むため、18歳未満はプレイが許されない、いわゆる「18禁」のものまで幅広いです。

中には、課金しないと楽しめないもの、年齢制限はないけれど、親から見て「過激すぎないだろうか」と思うものもあります。

また、オンラインゲームといって、インターネットに接続することで、ネット上でチームを作り一緒にプレイする、あるいは、対戦するといった楽しみ方のゲームがあります。インターネットは世界中とつながっていますから、チームを組んだり対戦したりする相手は、世界中にいるのです。

そして、このオンラインゲームはゲーム依存やゲーム障害を引き起こしやすいと言われています。

さまざまな理由がありますが、ゲームが盛り上がるのはどうしても夜になります。また、チームを組んでいると、自分だけが抜けにくい雰囲気があること。それ以上に、結束が強くなって、もっと一緒にプレイしていたいと思ってしまうこと。

特に、実生活の中で居場所を作りにくい子が、ゲームの世界の中に居場所を作ってしまうと、抜け出すのが非常に困難です。

ゲームは楽しいものですが、自制のブレーキがきかなくなると危険です。だからといって、頭ごなしに「やってはだめ」では通用しません。「お父さんやお母さんは分かってない！」と反論されるだけです。

そこで、親も一緒に同じゲームをやってみることで、親子のコミュニケーションを潤滑《じゅんかつ》にし、早めの危険回避も可能になるのです。

第8章

受験。親がすべきことは何なのか

中高一貫校で子どもが伸びるわけ

平日の放課後、友だち同士で外遊びをする子どもが減っています。

都市部で約8割、地方の農村部でも6割の子どもが平日の放課後に全く外遊びをしないという調査結果が出ているほどです。

その背景には、子ども自身が習いごとで忙しい、少子化の影響で遊べる子どもの数が少ないなど、今時の事情があるようです。

私の子ども時代は、学校が終わって家に鞄を投げて広場に行くと、たくさんの子どもたちが集まっていました。

子どもの年齢が混在していて、ガキ大将と呼ばれる子や、勉強ができる奴がいて、集まった子どもたちの役割分担をしていました。子どもの世界にそれなりの自治があったのです。

みんなで遊ぶ中では、一人前に扱ってもらえない子どももいましたから、そういう子は「味噌っかす」といって、特別ルールが適用されました。

たとえば、野球なら三振ではなく、五振でアウトとか、ワンバウンドするまでボールを取ってはダメとか、鬼ごっこで捕まっても鬼を免除されるなどのルールが独自に作られました。そのおかげで、年齢やできることの差があってもみんなが一緒に遊べたのです。

そして、子どもたちは集団の中で、年長者への尊敬や年少者へのいたわり、あるいは子どもも社会の中で人間として生きていくルールを学んでいったのです。

しかし、今は、こうした遊び方は姿を消し、同じ年齢層で切り取られた人間関係が作られています。親世代も人工的な集団を形成しているのです。

だからこそ、私は中高一貫校で生活することが、子どもの人間形成の上でとても良いと考えます。

同じ年齢の集団では、友だちから得られる知識や経験の量がおのずと限られます。そうなると、親や先生から受ける影響の比率が大きくなり、親や先生の行動を模倣しながら大人の道を歩むことになります。

学校は教育の場です。そして、教育とは、親や教師が一方的に子どもに知識を教えることだけに限らず、同級生や先輩、後輩などと交わることで人間形成に関わる多くを学ぶことも含まれているのです。一人では生きていけない群居性の生き物である人間にとって、人と円滑に交わることができるような経験を積むことが、人間形成の最重要課題です。そのために多様性に満ちた生徒集団の中で思春期を過ごすことが望ましいのです。

つまり、学校は学業だけでなく、子どもの心身の成長に不可欠な場なのです。

小学校の間は何かと親がかりで暮らしてきた子どもが、中学に入ると本格的に自立の準備に入ります。そして、中学高校と合わせて6年間の間に、「子どもが一人で生きていく力」を育むのです。

中学校の中だけでは、年齢差が最大2歳ですが、中高一貫校では、最大5歳の先輩や後輩と付き合うことになります。小学校を出たばかりの子が、大学入試を目指す年齢の先輩と交われば、おのずと憧れや尊敬の念が生まれます。

逆に、大学進学目前の生徒から見た、小学校を卒業したばかりの生徒は、まだまだ頼りない子どもなので、自然と思いやりの気持ちが生まれます。

同世代の子どもたちとは異なった生き方や価値観に影響を受け、将来自分がどこを目指すのかを考える大きなきっかけとなります。

これが、私が中高一貫校を薦める最大の理由なのです。

中学校までに準備しておきたいことは何か

小学校から中学校に上がると子どもたちの生活環境はがらりと変わります。

まず、担任がすべての教科を教えるのではなく、専門の教師による授業に変わりますし、授業の一限の単位時間が45分から50分へと長くなります。

たった5分の差ですが、6限授業があれば一日合計30分長く授業を受けることになるのです。また、中学に入れば、クラブや委員会活動が盛んになり、小学校時代より長い時間活動します。

授業も長くなり、クラブや委員会活動にも時間が取られる。さらに、勉強の内容は難しくなり教科も増えるため、一日があっという間に過ぎるようになります。

そうなったとき、限られた時間を効率的に使うためには工夫を凝らさねばなりません。限られた時間を最も有効に使う簡単な方法があります。授業時間をうまく使うことです。具体的には、授業で習った新しい知識を授業中に理解し、自分の言葉で説明できるところまで持って行き、その知識を定着させてしまうことです。授業中に知識を定着させることができれば、その分、帰宅してからの学習時間を短縮できます。

そのためには、授業に集中することが求められます。だからこそ、中学校に上がる前には、最低30分は集中して机に向かえるようにしておくことが大事です。

一般的な小学生の集中の限度は15分。それを30分までに延ばし、さらには大人になるまでに90分の集中力を身につけるよう目標を設定すると良いです。

そして、先にも述べたように、学級担任制から教科ごとの教師の授業になるので、中には相性の悪い先生にあたる可能性が出てきます。教え方のうまい下手もありますし、それ以前に、性格的に合わないということも考えられます。すべての生徒から「あの先生は素晴らしい」と言われる教師はなかなかいません。

もしかすると、子どもが自宅で「あの先生はダメだ」とか「教え方が下手で分からない」などと愚痴をこぼすかもしれません。

そんなとき、親は決して一緒になって悪口を言わないことです。間違っても、「嫌な先生で損したね」とか「違う先生になればいいのに」などと言ってはいけません。

親がそう言えば、子どもはさらに教師に対して不信感を抱いてしまいます。そんな相手から勉強を習ったところで授業に身が入るわけがないのです。

かといって、子どものいうことを「そんなことを言うもんじゃありません！」などと真っ向から否定すれば、もう二度と学校のことを口にしなくなってしまいます。

こんなときは、「そうなの。じゃあ、あなたが先生だったらどんなふうに教える？」「自分が先生になったつもりで、どうやったら生徒が分かりやすいか考えてごらん」のように問いかけてみましょう。

誰かに教えるためには授業内容をきちんと理解せねばなりませんし、そうすることで知識を定着させられるのです。

どんな場所でも集中できる子に育てる方法

海外に比べると日本の家はとてもコンパクトです。しかし、そんな中にも、きちんと子どもも部屋を作り、勉強するようにと立派な学習机がある家庭が多いのではないでしょうか。

しかし、せっかく良い部屋があるにもかかわらず、「部屋にいても勉強しているかどうか分からない」「机に向かったと思ったら、すぐうろうろし始める」といった声も聞こえてきます。

小学校低学年の場合、じっとしていられる限度は15分ほど。特に男の子は興味が次々に移り変わるので、じっと座っているのは苦手だと心得ておきましょう。

もし、しっかり椅子に腰かけて勉強してほしいのなら、はじめから高望みはせず、キッチンテーブルで絵を描いたり、本を読むところから始めると良いでしょう。

はじめから、集中して勉強させようと考えず、まずは椅子に座っていられる時間を徐々に延ばしていけばいいのです。

また、静かな子ども部屋よりも、雑然としたキッチンテーブルで宿題をしたがる子どもも少なくありませんが、私はそういった場所で勉強することには賛成です。

なぜなら、騒がしい場所でも平気で集中できるのは、子どもが成長する上で大事なことだからです。

考えてみましょう、一般的なオフィスの様子を。

電話の音が鳴り、いろんな人の話し声が聞こえ、席のすぐそばを人が行き来します。それでもみんな、自分の仕事をしっかりやっているのです。

また、電車の中で集中して本を読んでいる人や、試験勉強をしている学生を見かけます。移動の時間を有効活用している良い例でしょう。

外の世界にはいろんな音があふれています。そんな中でもぐっと集中できるよう、日頃から訓練する意味も込めて、キッチンテーブルでの勉強は大いにありだと思います。

ただし、子どもが勉強を始めたら、テレビは消してあげましょう。また、お母さんも一時仕事の手を止めて、一緒のテーブルで本を読むなどするのも、子どもの集中力を高めるのに効果があるかもしれません。

志望校は親ではなく本人が決める

志望校をどこにするか、親子ともに楽しみでもあり頭を悩ませる部分でもあります。

中高一貫校、私立、公立、共学などさまざまな選択肢がありますが、はじめから「絶対にここ！」と決めつけるのではなく、幅広い視野で多くの情報を集めるといいでしょう。

志望校選びの一つの目安になるのが偏差値ですが、それ以上に大切なのが、子どもと学校の相性です。

「絶対にこの学校に通わせたい！」「この学校の制服を着せるのが夢だった」のように、親のほうがヒートアップしてしまうケースもあるのですが、何年間も学校に通うのは親ではなく子どもです。

校風や生徒たちの持つ雰囲気を含め、本人が「この学校に行きたい！」という思いを尊重すべきです。そして、受験をする子ども自身が、どの学校を受験するかの最終判断を下すのが重要。親がいくら「この学校に行きなさい」と尻を叩いても、本人の気乗りがしない学校では意欲がわかないでしょう。

また、子どもは子どもなりに、「お金を出してくれるのは親だから」「ここまで応援してくれているから……」と忖度し、親の志望校を受験する子どももいます。

だからこそ、親子でとことん話し合う時間が必要なのです。

親の勢いに押されて受験し、その学校に通い始めたはいいけれど、何か嫌なことがあったとき、「私は違う学校に行きたかったのに」「お母さんたちが無理矢理薦めたから」などと親のせいにすることがありますから、志望校選びは本人の気持ちが何より大事です。

とはいえ、子どもですから、世の中にどんな学校があってどんな選択肢があるかが分かりません。子ども自身に決めさせるためには、志望校の文化祭や運動会、オープンスクール、説明会など、あらゆる機会を見つけて学校に足を運び、学校の雰囲気をじかに感じ取ることです。

そうした経験を繰り返すうちに、次第に好みがはっきりし、「この学校は自分に合いそうだな」「この学校の雰囲気はあまり好きじゃないな」などが分かりますし、「この学校に通いたい」という憧れのような気持ちもわき、それが受験を乗り越える原動力となるのです。

親はその気持ちをそっと応援してやればいいでしょう。

中学受験。第一志望に入れるのは1割

結論から言うと、中学受験で第一志望の学校に入学できる子は全体の1割だけです。その中には、「この学校に入りたいな」と思っても、塾や予備校の偏差値から「他の学校を受験したほうが良い」と言われ、志望校から外す子も含まれています。

つまり、中学受験をする子どもの9割が第一志望ではない中学校に進学するのです。

この現実を踏まえて、親は何をすべきかというと、

「どの学校に行ったとしても、あなたにとって望ましいところなんだよ」

という価値観を持ち、それを子どもと共有することです。

高校や大学受験と違い、中学受験は親の関わりが大きいです。そのため、親のほうも、子

どもと一緒に受験をしているような気持ちになり、第一志望に行けなかったときに落ち込んでしまうケースが少なくありません。

入学試験というのは、ある意味椅子取りゲームのようなものです。たまたま２００の椅子があって、２０１番目だったら落ちるのです。たとえ、塾や予備校の偏差値が高く、十分に合格できる実力があったとしても、運悪く落ちてしまうこともあります。

オリンピックの出場選手で考えてみましょう。出場権を争う人たちはどの人もトップ中のトップアスリートです。どの人が選ばれてもおかしくありません。

しかし、出場枠が2名であれば、３番目の人は出場できないのです。それが世の中の冷酷な事実なのです。

中学受験でたとえ第一志望に入れなかったとしても、そこで人生が終わるわけではありません。落ちてもその次を考えられるようにならなければいけません。そのための保険をどうやってかけるか。それが賢い親の対応なのです。

入った学校で、いかに早くなじむかが大事

受験をする際に、第一志望の学校に行きたいのは当然なのですが、第二志望、第三志望の学校も、単なる滑り止めではなく、「通いたい」という思いを持って選ばねばなりません。

ですから、たとえ第二志望、第三志望に行くことになっても、「残念だけど、この学校で頑張るしかないか」ではなく、「やった！　この学校に通えるんだ」と心から思えることが大切です。そうでなければ、せっかく入学した学校でなじむことができず、どんどん落ち込んでしまうからです。

いろんな学校の先生が言うのが、

「合格の順位と出口での順位にはほとんど相関がない」

「1年生の学年末の成績は、出口を予想するのに非常に重要な情報だ」

ということです。

かみ砕いて言うのなら、トップで入ろうが補欠で入ろうが、その成績が卒業までずっと続くわけではない。けれど、学年末の成績は、卒業の際の順位と密接な関係があるということ。

これが何を意味するかというと、どの学校に入ろうと、いち早くその学校になじみ、自分らしいポジションを見つけるか。心地よい居場所を確保するかが大切であるということなのです。

受験の際、「背伸びして、偏差値の高い学校に入学しても、ビリになるのはかわいそう。どうせなら、トップで居られるように、ワンランク下の学校を狙ったほうがいいのではないか」とか、「補欠合格でずっとビリはかわいそうじゃないだろうか」などと心配する親御さんがいます。

しかし、受験はトップで入ろうが補欠で入ろうが関係ありません。そこにあるのは、合格したという事実だけです。たとえ入学時のランクがビリだとしても、そこからいち早く学校になじんで頑張ればいいのです。

逆に、たとえトップで入学しても、その学校になじめず居場所を作れなかった子どもが成績不振に悩んだり、不登校になるケースもあります。

だからこそ、子どもと学校の相性は偏差値以上に大切なのです。

また、学力だけでなく、新しい場所でもなじめる子どもの人間力を培う教育を親は求められているのです。

集団の中で居場所を作れる子どもになる

開成では、6月の第三週ぐらいに在校生全員に「学校に通うのは楽しいですか？」というアンケートをとります。そうすると、「楽しい」、「どちらかというと楽しい」が98％を超えているのだけれど、それは自分を受け入れてくれる場所があるということです。居場所というのは、教室であり、部室であり、委員会であり、「そこに行けば自分が受け入れられている」というところで、そういう場所には自然と行きたくなる。だから学校に来るのが楽しくなるのです。

しかし、学校に来るのが楽しいと答えなかった、残りの2％弱の子は、うまく自分の居場所を見つけられていません。

そこで、子どもの様子を注意深く観察したり、話を聞いてみると、その子自身の問題というより、親や家庭のほうに問題があるのです。たとえば、お母さんが強圧的だったり過保護だったりというケースが少なくありません。

その背景には、「お母さんの自己肯定感が低い」という問題が隠されていると感じています。

もう少し分かりやすく言うのなら、お母さん自身が、あるがままの自分を受け入れられていない。自分にとってどうあるべきか、どうありたいかという像を持っているのだけれど、それに比べて今の自分は至っていない。

そうすると、あるべき像、自分の理想像を子どもに求めてしまうのです。子どもとすれば親の理想を押し付けられるわけですからたまったものではありません。

少し話はそれますが……。

今ある自分をどうやって認識するかというと、社会の評価と自分の評価、あるいは、第三者の自分に対する評価と自分自身の自分に対する評価、そこが近ければ近いほど生きやすいのです。しかし、そこがかい離していると不適合が起きてしまいます。

たとえば、自己評価が高いのに、他者による評価が低いと、「やっぱりあの人お高いわね」「自信過剰じゃないの？」という評価につながります。自分のほうも、「バカにされている」「何でもっと大切にしてくれないの？」といらいらします。

反対に、自己評価が低いのに、他者による評価が高いと、「あの人、何だか卑屈よね」と思われますし、自分では、「そんなに期待しないで！」と苦しいのです。

「体育会系の人はどんな場所に行ってもすぐなじむ」と言われますが、これは団体生活に慣れているというだけではなく、実は、自己評価と他者の評価に常にさらされているからなのです。

たとえば、「俺は100メートルを10秒台で走れるはずだ」と思っていても、記録はどうしても11秒を切れない。それを何回か繰り返していくうちに「俺の走る力はこれくらいかな」と分かるようになります。つまり、自己評価と他者の評価が一致するわけです。

けれど、志望する大学に落ちて別の大学に行った人が、「あのときはたまたま、体調が悪かっただけ。体調が良ければ絶対に受かっていた」「あのときは運悪く、最も苦手な問題が出たから落ちたけれど、そうでなければ合格していたはず」のような思いを抱いたままだと、自己評価と他者の評価の差が開いたままです。浪人して、二度三度と受ければいいのですが、最近は浪人する人も減っているのです。

実力を分かるというのは、自分に引導を渡すこと。

お母さんの中に、「今の自分はこの程度だけれど、本当ならもっと良い人生を歩めていたはず」という思いがあって、それが子どもに向けられると、ある意味、親の人生の代理戦争になってしまいます。

最近では、「父親の不在」と「母子の密着」が社会問題として注目されています。だからこそ、「親と子は別人格」だということ、同一人格のように見えるのは本当に小さい頃だけで、「歩き始めたら別人格」だということを、今一度自分に言い聞かせることが求められているのかもしれません。

また、人間というのは、群居性の生き物なので、必ず何らかの集団に属します。だからこそ、その集団になじめるかなじめないかというのは、その後の幸福感に影響します。それは学力では測れないものです。

もし、日常的に親がママ友や近所の文句ばっかり言っていれば、子どもは集団というものを肯定的に受け入れられません。そうなると、集団になじめず苦労するのです。

引きこもりになった人たちの多くに共通しているのが、「学校・職場などになじめなかったのをきっかけに部屋にこもるようになった」ということです。

子どもは、親が思っている以上に親の影響を受けます。そのことを心の隅に置いておくと良いでしょう。

第9章

親だからこそできる教育

我が家のルールをしっかり守らせること

子どもが自分の要求を通そうとする際、年齢によってその方法は変わります。

赤ちゃんや幼児の頃は泣くことで、幼稚園から小学校低学年では、駄々をこねたり甘えたり。それが徐々に子どもなりの戦略を考え、親の顔色をうかがい機嫌の良さそうなときを狙って話をしてみたり、あるいは、交換条件を出してみたり……。

こうして要求を一つ通そうとする対応を見るだけでも、子どもが日々成長しているのを感じられるでしょう。

と同時に、親が何でも子どもの言いなりになってしまっていたら、子どもの交渉力は育たないというわけです。

そして、子どもが親に何かを求めるときの常套句があります。それは……

「だって、みんなやってるよ」「みんなそうだよ」

しかし、問い詰めてみると、「みんな」というのは、子どもの周りのほんの数人だったり、仲の良い仲間だけだったり。また、

「A君はスマホを持ってるのに、どうしてうちは買ってくれないの？」

「BさんもCさんも、門限が9時だよ。うちだけだよ、8時門限なんて！」

というのも、よくあるパターンです。

そんなとき、子どもが納得するような理由を伝えられず、困ってしまう親御さんがいます。というのは、家のルールには理由などない場合が多いからです。

「ちゃんとした理由がないくせに、どうして守らなきゃいけないの？　理不尽だよ！」

弁の立つ子どもなら、親に詰め寄るかもしれません。しかし、そんなとき、ひるむ必要はありません。親は毅然と、

「それがうちのルールだからよ」「よそはよそ。うちはうちだから」

と言い切っていいのです。

なぜなら、子どもたちは親が家計を支えてくれ、保護してくれるから生きていけるのです。親の庇護《ひご》のもと育っているのを忘れてはいけません。

今時の親御さんはご存じないかもしれませんが、昭和の時代、給料日には父親が給料袋を母親に手渡しする家庭が多くありました。

母親はそれをうやうやしく受け取り、「今月もお疲れ様でした。ありがとうございます」と言う風景が、日本の日常だったのです。

子どもはそれを見て、「お父さんは偉いなぁ」「お父さんのおかげで食べさせてもらっているんだ」と、肌で感じていたのです。

しかし、銀行振り込みが普及したため、そうした風景は消えていき、子どもたちはＡＴＭに行ってカードを入れれば、当たり前のようにお金が出てくると思ってしまう。その陰で汗水たらして働いている親の姿を想像できないのです。

しかし、子どもが親に食べさせてもらっているという事実は、今も昔も変わりません。

だからこそ、彼らが経済的に自立するまでは、たとえ理不尽であっても「家のルールは絶対」でいいのです。

親は、自分たちが一生懸命働いたお金で子どもたちは生きているのだということを、きちんと理解させましょう。年収の額など関係ありません。

子どもは親の背中を見て、働くということ、稼ぐということ、家族を持つということの意味を学ぶのです。

日本では、「お金の話をするのははしたない」という風潮がありますが、生きる以上お金は必ずついてまわります。

子どもの頃から、お金の大切さを伝えるのは親の大切な役目なのです。

お小遣いは、子どものマネジメント能力を育てる

アメリカでは小さい頃からお金に関する教育を行います。定額の小遣いを与えるのではなく、家の手伝いをして、労働の対価としてお金をもらうようにし、働くこと・お金の大切さを学ばせるのです。

日本では毎月決まったお小遣いを渡す習慣が一般的ですから、お小遣いを一切やめて、アメリカ方式に切り替えるのは難しいかもしれません。

しかし、定額のお小遣いでも、「一ヵ月のやりくりを自己管理させる」ことで、お金の教育が可能になります。小学校高学年くらいになったら始めてみましょう。

月にいくらと決めたお小遣いの中で、欲しいものを買う。お金がなくなりそうなら我慢す

る。計画的に余らせて貯金するというやり方ができるようになれば、いつものお小遣いでは買えないようなものの購入を可能にします。

「子どものうちから家計のやりくりみたいで、かわいそう」などと思う必要はありません。お金の管理能力をつけることは、一生涯役立つ生きる力です。

たとえ、高給取りでも計画性を持たずに使えば破綻しますし、低所得でも、しっかり計画立てて使うことで、将来に備えて貯めることが可能です。

これは、お金の教育というだけでなく、お金を通して自主性を育て、自己管理力を学ぶことなのです。

「遠足のお菓子は100円以内」というルールはなじみが深いと思いますが、子どもたちは「100円しか買えないのか……」と残念がるどころか、「100円で、いかに上手に買い物をするか」に夢中になります。

定額のお小遣いを計画的に使うのも同様です。

子どもにとって楽しみながら、マネーマネジメントの力を身につけるチャンスなのです。

それを楽しみとするか、義務と受け取るかは、親のアプローチにかかっています。ゲーム感覚に持って行ければ、子どもは喜んで始めるでしょう。お金は数字ですから、計算の勉強にもなります。

勉強の種は、教科書の中だけではありません。至るところに転がっているのです。

そして、お小遣いの自己管理で、大切なポイントは「子ども自身の裁量でお金を使う」ということです。

「そんなくだらないものを買ってはダメ」「もっとこんなふうに使うべき」などと親が厳しく指導したり、使い方に介入すると、自主性が育ちません。

自分の欲しいものを買うのは、誰にとっても喜びです。大人から見ると、「そんなもの」と感じるものでも、子どもにとってはそのとき一番価値のある使い方なのです。ゲームソフトのように親としては買ってほしくないものであっても、とりあえず黙って見ています。

自分の買ったものなら大切にするでしょうし、もし、「あぁ、これは買うべきじゃなかったな」と思ったのなら、その反省を次に生かす、成長の糧となるのです。

さらに、無計画に使って困り果てて親に泣きついてきたときは、いつ、何にいくら使ったのかを書き出すように促します。

そうすることで、使い方について反省できますし、喜びと我慢の優先順位をどうすればいいのかを学ぶ絶好のチャンスです。

「お金はこう使うべきだ」と、親がノウハウを教え込むのではなく、「お金はこういうふうに使うべきなのか……」と子ども自身が考えるようにする、考える力を引き出す、それこそが教育なのです。

お年玉、お盆玉には親が対応する

お金の教育ではもう一つ、親が気をつけるべき点があります。

それは、臨時収入をできるだけ与えないことです。

足りなくなったときに簡単に補填してしまえば、計画立てる意味がなくなってしまうからです。

また、お年玉や、祖父母からもらう高額なお小遣いは、お金の管理能力を育てようとする努力を無力化します。

「今度、お年玉が入るから、使っちゃおう」「夏休みにお婆ちゃんからもらえるんだから、それをあてにすればいい」と考え、倹約や計画の必要性を感じなくなってしまうからです。

お盆休みで帰省した際、祖父母からもらえるお金を、お年玉になぞらえて、「お盆玉」などと呼ぶそうです。それだけ、金額が大きくなったということでしょう。

ですから親としては、祖父母の気持ちはありがたく受け取り、こちらの教育方針をきちんと伝え、あらかじめ金額を決めてそれを守ってもらえるように努力します。

また、お年玉や祖父母からお小遣いをたくさんもらってしまったときには、子どもとよく話し合い、親が貯金しておき、大きな買い物をする際に使うなど、取り決めをしておくのもいいと思います。

子どもの通帳を作り、「お年玉のお金はちゃんと貯めてあるから、本当に欲しいものが出てきたとき、これで買えるね」などと、見せてやるのもいいかもしれません。

間違っても、子どものお年玉を親が着服するようなことがあってはいけません。親子の信頼関係にひびが入りますし、悪い記憶として一生残ってしまいます。

親は、子どもを枠にはめない、自分の価値観で導いてはいけない

無意識に子どもに多くのことを求めてしまう、期待をかけてしまうのが親の性なのかもしれません。

なぜなら、

「一番にならなくてもいいから、全教科で平均点以上取ってほしい」

「友だちはたくさんいて、リーダーシップをとれる子になってほしい」

「成績もそこそこで、スポーツもちゃんとできる子になってほしい」

などと、願う親御さんが決して少なくないからです。

少子化が進み、一人の子どもにかける期待が大きくなったせいなのかもしれませんが、あれもこれも平均以上にできる子など滅多にいません。

無理矢理、全部平均点以上を求めてしまえば、折角その子が持っている得意な部分、尖った部分がそれ以上伸びなくなってしまいます。

たとえば、数学が飛び抜けて優れていれば、国語の点数が多少悪くても目くじら立てないでほしいのです。

ましてや、「あなたは数学はやらなくてもできるんだから、数学の勉強はやめて、その分国語をしっかりやりなさい」などと、決して言わないでほしいのです。

そもそも、小学校3年生を越えたら、親が勉強を教えようとしたり、勉強そのものの内容にあれこれ口出しするべきではありません。本書のタイトルにもなっていますが、親がすべき仕事はそこではないのです。

教育とは、型にはめるものではありません。ましてや、親の価値観をもとに、路線やゴールを決めて引っ張ってはいけないのです。

何度も繰り返しお話ししていますが、その子の尖った部分を見つけ、それをさらに引き出す、尖った部分をもっともっと尖らせるのが本来の親の仕事なのです。

親は、子どもの尖った部分をさらに引き出す努力を

大人も、自分に置き換えて考えると分かりますが、好きなことのほうが夢中になれますし上達も早いでしょう。

料理が好きな人は、レシピ本を見たり新しいメニューと出会うとわくわくし、すぐに作りたくなります。そして、作るとそれがすぐ身につきます。けれど、料理が苦手な人はどうで

しょう。いやいや作るので、なかなか身につきません。

人と会ったり話したりするのが大好きな人は、営業の仕事が苦になりませんし、長く続けることでどんどん実力がつきます。ところが内向的な人は、その仕事がストレスで病気になってしまうことすらあるのです。

家族のためになるとか、お金のためになるからといっても、好きでないことは苦痛ですし長続きしません。

勉強も同じです。好きなことは上達しやすいですし、長続きします。

「それなら、人は好きなことだけやって、嫌いなことには目を背けていいんですか？」と言われそうですね。

しかし、不思議なことに、「自分はこれに自信がある」「これなら誰にも負けない！」というものがあると、苦手意識があるものも得意なものに引っ張られて、次第にできるようになるのです。

大事なのは、子どもに自信を持たせることです。

そして、自信を持たせるには、本人が好きなこと、尖った部分を伸ばしてやることです。

不得手なことを義務のように無理矢理やらせても、自信はなかなかつきにくいのです。

また、子どもは「自分はこれが強みだ」と、なかなか気づけないこともあります。そこを引き出せるのは、学校や塾の先生よりも、すぐそばにいていつも子どもを見ている親です。

子どもの尖った部分を見つけるのは簡単です。子どもが楽しそうに何かをしているとき、何をしているのかを見極めるのです。そして、「〇〇をやっているときは、楽しそうだねぇ」「〇〇が好きなんだね」と声をかけてやります。

すると子どものほうは、「自分はこれが好きなのかもしれない」と意識し、より一層熱が入るでしょう。そして、その延長線上に、「私はこれを仕事にしたい」と思えるかもしれないのです。

自分の好きなものは仕事になる

「みんなのお父さんやお母さんは、自分の好きなものを仕事にしているはずだよ」

これは、私が高校生によく話すことの一つです。

私がそう思う根拠は、人は誰でも自分の才や天分に合った職業に就きたいと考えますし、長続きすると思っているからです。

前にもお話ししましたが、人と会ったり話したりするのが苦手な人は、積極的に営業職を選びませんし、選んだとしても長続きしないはずです。また、社交的な特性を持つ人が、コツコツと地道に帳簿に向き合うような仕事に就いたのなら、いつかは音を上げてしまうに違いありません。

どちらが優れているとかいないとか、そういう問題ではなく、いかに自分に合っているかが大事だということです。

今やっている仕事に対して「それほど、憧れの仕事とは思えないけれど……」と思われる人も、続いている仕事には、何かしら必ず「好き」の要素が入っているものです。

ですから私は、大学を選ぶときに、

「将来、自分の好きなものに関連する仕事を連想して大学を選べばいいよ」

と、アドバイスしています。

たとえば、野球が好きな子なら、野球選手が憧れの仕事になるでしょう。強豪校に入学して活躍すれば、プロの道が開けるかもしれません。しかし、それはほんの一握りの人間だけです。

けれど、野球に関連した仕事というふうに考えれば選択肢はぐんと広がります。

スポーツドクター、鍼灸師、メンタルトレーナー。また、球団職員、野球用品の開発や販売、スポーツ紙の記者や編集者。競技場の設計なども考えられます。

見方を変えれば、世の中には実にいろいろな仕事があるのです。

「好きなことを仕事にする」と言うと、「仕事というものは遊びじゃないんだ。嫌なことでも我慢してやることに意味がある」などと叱られてしまうことがありますが、それは違うと思います。

勉強でも仕事でも、好きなことだからこそ、楽しいからこそ、頑張りがききますし、長続きもするのです。

もちろん、最終的にどんな仕事に就けるかは、そのときにならなければ分かりません。しかし、「とにかく条件が少しでもいいところ」という仕事の探し方より、迷いがなくなるはずです。

親御さんは、子どもの「好き」をどんどん伸ばしましょう。それが、将来の飛躍につながっていくのです。

子どもにリーダーを押し付けてはいけない。その子が輝ける場所がある

学校生活の中では、部活動や委員会など、さまざまな集団が存在し、子どもたちはそれぞれ自分にあった立場やポジションを担っています。

ところが、親御さんの中には、

「内申点を上げるためには、生徒会に立候補したほうがいい」

「部長を任されるように頑張りなさい」

というように、リーダーになることを求める人がいます。しかし、これは親の押し付けに他なりません。

集団というのは、リーダーもいれば、リーダーを支える人、また、目立たないところで貢

献する人などいろんな立場があり、それぞれの役割が機能して成り立っています。そして、自分の居心地の良いところにおのずと収まるようにできているのです。

確かに、生徒会長や部長といったポジションは華やかで目立ちますし、親としては子どもにそうあってほしいと願う気持ちは分からないでもありません。

けれど、自分の特性にあっていない場所で、慣れない仕事を任されたら、うまくいかずに自信を失うだけです。

また、リーダーシップのある子でも、その集団が賛同できないものであれば、進んでリーダーになろうとしないのは当然です。

もし親御さんが、さまざまな問題を抱えたややこしい町内会で、「さあ、会長をやってください」と頼まれたら、即座に断るはずです。

それは、リーダーになる素質の有無の問題ではなく、集団のあり方の問題です。学校生活のことは親から見えにくい部分なので、そこをごり押しして、

「絶対に、委員長をつとめなさいよ。あなたにはそれができるんだから」

などと、強要してほしくないのです。

これこそが、「子どもを型にはめる」「子どもを導く」、好ましくない教育です。

子どもは自分の立ち位置というものを、親が思うよりずっと分かっています。それなのに、「頑張ってリーダーにならなきゃダメよ！」というのは、傷に塩を塗り込むようなものです。

親は、その場所を選んだ子どもの気持ちを尊重し、見守りましょう。

「あと一歩で会長になれたのに、押しが弱くてダメね」ではなく、

「副会長を任されたのね。トップを支えるのはとても大事な役目。それを任されたということは、きっとあなたの細やかな気配りが評価されたのね。頑張って」

と、ほめて励ます。それこそが、親だからこそできることなのです。

受験は子どもの問題。それを今一度肝に銘じる

親の中には、「とにかく国立大学か、早稲田・慶応」「最低でも、MARCHに入ってほしい」という方がいます。本人が目指しているのなら話は別ですが、親ばかりヒートアップしているのなら、はっきり言って押し付けに他なりません。

なぜ、その大学を推すのか尋ねると、「一流どころだから」「良い会社に入るには、やはり一流大学だから」などの答えが返ってきます。まさに親の価値観がむき出しになっているのです。

いくら一流と呼ばれる大学に入っても、その先の展望がなければ、ただテストの点数が良かった人どまりです。また、偏差値の高い大学に入ったからと言って、生涯安定した仕事に

就けるなどはすでに都市伝説の領域です。

「私が行きたかったけれど、行けなかった大学だから」などという理由に至っては、親の代理戦ではないでしょうか。

少し話はそれますが、開成高校では2019年の春、186名が東京大学に進学し、東大合格者38年連続日本一を更新しました。

そのため、「開成に入れば、東大への道が続いているに違いない、東大に入れたいのなら開成へ」と考える親御さんがいらっしゃるのも確かです。

しかし、開成では進路指導で、東大進学を薦めることは一切ありません。

それはなぜか。「有名大学に入学するよりも、大学を卒業してからの長い人生を充実して送るための教育」を重視しているからです。

また、開成生は良い意味であまのじゃくなので、学校が進学を薦めたりすれば「それなら、東大には行かない」と言い出すことでしょう。

大学進学は人生のゴールではありません。その先はどうするのか。どうやって生きていきたいのか。それが重要なのです。

どんな親御さんも、我が子には幸せになってほしいと思うでしょう。けれど、その方法が、「偏差値の高い大学にとりあえず入学させること」だとしたら、即刻軌道修正をしてください。

日本社会の中で、年功序列や終身雇用の経営が健在だった頃なら、受験システムにのって偏差値の高い大学に入れることで一安心できたかもしれません。けれど、時代はどんどん変わっているのです。

第10章

子どもの自立を後押しするために

親の過保護が、子どもを苦境に立たせる

親御さんに持っていただきたい、最も重要な価値観は、「一日も早い、子どもの自立」だと私は考えています。

そのためには、親が先回りして何でもやってしまわないということです。

たとえば、子どもの鞄やランドセルからお便りや連絡帳を出して、必要なものを準備しておいたり、雨が降りそうだなと思ったら、傘と長靴とタオルを用意しておいたり……。

そうすると、子どもは何も言う必要がないため、自分の希望を言葉で伝える訓練ができなくなってしまいます。

親が先回りしていろんなことをやってしまうのは、子どもに失敗をさせないためではない

でしょうか。けれど、失敗こそが子どもの成長には不可決なのです。

忘れ物をして、先生に叱られる。必要なものがなくて授業で不自由な思いをする、そうした経験は、「もうあんな思いはしたくない、前の夜にちゃんと準備しておこう」、「出かける前に忘れ物がないか確認しよう」という気持ちを芽生えさせます。

雨が降ったのに雨具がないことで、服や靴が濡れて気持ちが悪かったという経験があるからこそ、「雨の時は準備が必要だ」ということが分かるのです。

また、自分の希望を言葉で伝える、つまり「ものごとを表現する力」は、親御さんが最も心配している、いじめ問題とも密接な関係があるのです。

いじめられたとき、最も大切なことは、それを言葉にして伝えることです。いじめてきた相手に対して、「嫌だからやめて！」と言うこともそうですし、直接相手に言えなくても、先生や親に、「こういうことがあって嫌だった」と伝えられれば対処できます。

しかし、黙っていたらいじめがエスカレートするかもしれません。我が子に失敗させないためにやってきた親心が、裏目に出てしまうのです。過保護は子どものためにならないどころか、苦境に立たせる危険性をはらんでいるのです。

だからこそ、子どもにはどんどん話をさせる環境を親が作らねばなりません。そして、小さな失敗をたくさん経験させ、自分で考え実践する力をつけさせることこそが親の役目なのです。

お手伝いは生活全般のスキルを上げる

「子どもは勉強が一番、勉強さえしていればOK」という家庭をたまに見かけますが、家はホテルではありません。子どもだって親からサービスを受けるだけでなく、家族の一員として、それなりの役割を果たさなくてはなりません。

役割の一つに、「家の手伝い」があります。

基本的に、子どもは親のしていることをまねしたがります。たとえば、掃除機を動かしていると小さな子どもはたいてい後をついてきます。

そんなときには、ぜひ手伝わせてみましょう。もちろん、上手にはできませんが、一緒にやることに意味があるのです。

そして、何回か繰り返すうちに、確実に上達してきますから、そこは垂直比較で「上手にできるようになったね」とほめてやれば、子どもは自信をつけ、もっとやろうという気持ちになります。

また、「掃除機をかけたら、すっきりして気持ちいいね。ありがとう」「手伝ってくれたからあっという間に終わったわ」などのほめ言葉も、子どもにとっては嬉しいものです。

一つ手伝いをして、ほめられると、「手伝いをするのは良いことだ」という価値観が子どもに伝わりますから、「今度は別の手伝いをしてみよう」という気持ちを起こさせます。

そうした繰り返しが生活全般のスキルを上げ、子育ての目標である「一日も早い自立」につながるのです。

また、手伝いに対してお駄賃を上げるのも効果的です。

肩を叩いて10円、庭の草むしりをして20円といった具合に、お駄賃をもらえれば、労働意欲もわきますし、お金のありがたみが感じられます。

黙っていてももらえるお小遣いは、パッと使ってしまうけれど、汗水たらして頑張った対価としてもらえたお駄賃は、大切に使うかもしれません。

料理には勉強のネタがたくさん転がっている

家の手伝いをさせることは大切ですが、小学校高学年にもなると、「めんどくさい」といってやりたがらなくなる場合もあります。

そんなときは、「あぁ、一段階成長したんだな」と思えばいいですし、また、やり方を変えるという方法もあります。

たとえば、料理を作ることは、草むしりをする、窓ガラスを拭くといった単純作業と違い、興味を持ちやすいです。子どものレベルに合わせて、野菜をちぎらせるでもいいですし、慣れてきたら、手本を見せながら包丁を使ってみる、一緒に炒め物をしてみる、味付けをさせてみるなど、次第に責任あることを任せると達成感を感じやすいです。

家庭の役割を義務としてではなく、遊び感覚でやらせるところがポイントです。

「○○の味付けはなかなかいいねぇ」「○○が作ってくれたから倍おいしい」と言って食べてやれば、さらに自信がつきます。

そして、料理を手伝わせる利点は、勉強のネタがあちこちにあることです。

たとえば、味付け。レシピには2人前の分量が書かれているけれど、「うちは3人だから、醤油はどれだけ入れればいい？」などと考えさせれば、あっという間に比例計算が分かってしまいます。勉強は何も、参考書やドリルだけではないのです。

そもそも、教育というのは、実生活に生かされるためにやるものです。ですから、授業や塾で学んでいることを、今目の前の必要としているところでやってみると、ダブルで学習になります。

さらに、料理は科学を学ぶ良い材料となります。

たとえば、山岳部に入って高い山に登り、頂上でお米を炊くとします。平地でやるのと同じ方法でやったら炊けません。気圧が低いからです。

「どうして気圧が低いとお米が炊けないんだろう?」「気圧の低い場所でお米を炊くには、どうすればいいいんだろう」

これをきちんと説明するには知識が必要です。

また、味付けをする際に、「さしすせそ（砂糖→塩→酢→醤油→味噌）」の順番を考えたときには、浸透圧のこと、分子の大きさなどを知らなければ解説できません。

それらは対話のネタにもなりますし、子どもが調べて「砂糖の分子が一番大きいから、先に入れる。醤油は塩分できゅっと縮むから、最初に入れると味が染みなくなる」などのように教えてくれたら、「さすが、すごいね!」「そうなんだ、初めて知った!」とほめれば、大いに自信がつきます。

そして、何より、料理が自分でできることは、人生の選択の幅を広げるのに非常に役立つのです。

たとえば、大学進学で独り立ちすれば、毎日外食するわけに行きませんから、必然的に自炊になります。しかし、料理ができなかったらカップ麺やコンビニ弁当ばかりになってしまいます。つまり、料理を身につけておくと、将来とても役に立つということなのです。

料理を手伝わせるのは、一人で作るより散らかったり手間がかかったりするものです。しかし、親御さん自身、そうした経験を重ねて料理ができるようになったのではありませんか。

千里の道も一歩から。

「私、料理作れないから、自宅から通える大学しか無理」などと子どもに言われないよう、台所に立つチャンスを与えましょう。

大人っていいな……と思わせることが自立を促す

私が子どもの頃は、食事の際に父親の料理が一品多かったです。食糧難の時代ですから、とてもうらやましかったです。また、一人だけうまそうに酒を飲む親父の姿を見て、「俺も早く大人になって酒を飲んでみたいな」とも思いました。

子どもの自立を促すには、「早く自分も大人になりたい」という気持ちを持たせることが重要です。

しかし、今時の家庭はどうでしょう。

メニューは子ども中心に考えられ、休日の外出先も子どもの希望が最優先、子どもの見ているテレビを親が一緒になって見る。

それは子どもにとって非常に心地よく、わざわざ自立しようなどと思う必要がありません。家にいれば、母親が自分の好みの味の食事を作ってくれて、脱いだ服がいつの間にかきれいに畳まれてタンスの中に入っている。寒い日には玄関にマフラーと手袋が置かれている。こんな至れり尽くせりの状態を捨てて、独立したいとは思わないでしょう。

アメリカでは長期間のサマーキャンプがあります。これは子どもの楽しみであり、自立へのステップになります。

と、同時に、親が子育てを離れて自由な時間を持つためという側面もあるのです。サマーキャンプの間は、夫婦だけで、大人しか入れないレストランに行ったり、大人同士のイベントや旅行に出かける、そうした時間を過ごします。

子どもを大切にするのと、最優先にするのは違います。

「大人っていいな、早く大人になりたいな」という思いが、子どもの成長を促すのです。また、「早く大人になりたい」という気持ちに通じますが、「こんな大人になりたい」という憧れを持てるような子育ても、自立を促す意味で有効です。

皆さんも、子どもの頃、「あんな大人になりたい」というロールモデルを持っていたのではないでしょうか。たとえば、スポーツ選手だったり、学校の先生だったり、憧れの職業の人だったり。

親はぜひ、子どもが憧れる人物や情報に触れるチャンスを作ってあげてください。そうすると子どもは、その憧れの人物の子ども時代をまねするようになります。

さらに、子どもにとって最も身近なロールモデルといえば、親です。

子どもが、「うちのお父さんみたいになりたい」「うちのお母さんが憧れ」と思えるような行動を心掛けましょう。

息苦しくなるほど頑張る必要はありませんが、「子どもの手本になれたらいいな」という気持ちを胸のどこかに持っていると、子どもだけでなく、親自身も成長できるのです。

親は意識的に子離れしなくてはいけない

皆さんが思春期の頃を思い出してみてください。

特に、これといったきっかけがないのに、女の子は父親と風呂に入るのが嫌になったり、男の子は、母親と出かけるのが嫌になったりしなかったでしょうか。

これは、人間の無意識の習性です。

ヒトは第二次性徴を迎えたら、異性の親とは離れていく傾向があるのです。

初潮や精通を迎えた子どもが、異性の親と親密になりすぎると、近親相関が起きることがあります。そうなると、遺伝子に異常を抱えた子孫が誕生する可能性があり、そうしたグループは進化の中で次第に淘汰されていったと考えられます。

「最近、息子がつれなくて……」と寂しい気持ちのお母さん。「あんなにパパっ子だった娘が、俺と洗濯物を分けてくれというのだ」と嘆くお父さん。

けれど、これは自分が通ってきたように、誰もが通る道なのです。

実は、子どもには親離れの本能がありますが、親のほうにはありません。

多くの動物の場合、子が自分でエサをとれるようになると、親は死んでいきます。子育てを終えると死に向かう傾向があります。しかし、人間の場合はその先も人生が続いていくため、子どもの動向が気になり、関わりを持ちたくなってしまうのです。けれど、つれなくされるので、寂しい、悲しいと思ってしまうのです。

開成中学校の入学式で私は、こんな挨拶をします。

子どもたちには「合格おめでとう！」

お母さんたちには「これまで受験のために、お子さんともども本当にご苦労さまでした。お子さんに密着した子育ては今日で卒業です。これからは皆さん自身のために時間をお使いください」と。

そうすると、お母さんたちはシラーッとしらけてしまうのですが……。

子どもは成長とともに、一歩ずつ大人になっていきます。親離れは、腕の中からぬくもりが消えていくような寂しさがあるかもしれませんが、そうやって徐々に大人になってくれなければこまるのです。

100歳の時間の重みが0なら、0歳の時間の重みは100

今、人生百年時代と言われていますが、生きていく中での時間の重みを考えてみましょう。たとえば、100歳になったとき、その先の時間はもう変化もないから、あまり重みがないと考えられます。対する、0歳の場合、その先100年を生きていくわけですから、ものすごく重みがあります。

つまり、100歳の時は0だとしたら、0歳の時は時間の重みが100と考えることができるでしょう。ということは、「実年齢」と「重み」を足すと、全部100になるのです。時間の重みがあるときは、主に外からの関わり合いが大きく、影響力があります。つまり、0歳の時に親が手間をかければかけるほど後が楽になります。0歳の時に1時間手間をかけるというのは、100歳の時に100時間手間をかけるのに相当すると考えられるでしょう。

私がそれに気がついたのは、「母語がどうやって構築されるのか」「みんなどうやって母語を身につけたのか」を考えたときでした。

生まれたては誰もしゃべれませんが、そのときにどれだけ多くの日本語に触れたか、どれだけ多くの日本語が自分にあびせられたかによって言葉が発達していきます。そう考えると0歳が一番重いです。

そののちに、自分から発信できるようになるのは、0~1歳の時にため込んだものを順次発信しているのです。つまり、ため込むものが最初に少なければ、発達が未熟になってしまうのです。

子どもは、無音の中で育てたら話すことはできません。オオカミに育てられた子どもが過去にいましたが、話せませんし、四足歩行でした。

子どもがハイハイをしてつかまり立ちをしてよちよち歩きができるようになるのは親が喜ぶからできるようになるわけで、親が四足歩行をしていたら、子どもも基本的には同じです。言葉が話せるようになるのも親の関わり合い。二足歩行ができるようになるのも親の関わり合い。

そう考えると、親の影響力がいかに大きいかが分かるでしょう。

子育て時代は、親も忙しい時代です。しかし、子どもたちは、あるとき、それほど遠くない先に離れていきます。それはだいたい10歳前後。わずか10年間、10年間に親が子どもに何を伝えるか。

将来、楽をしようとしたら、まずは10年間、特に、はじめの数年間を濃密に関わっていくことが大事なのです。

たとえ、その時代を過ぎてしまった人でも、遅くはありません。

なぜなら、基本的に子どもというのは親の鏡ですから、どういう部分を子どもに映し出してやりたいかを考えればいいのです。自分の育ってきたプロセスを考え、「あのときこうしてほしかったな」ということを、子どもにやってやればいいのです。

「もっと自由にやらせてほしかったな」「宿題をやれとか、勉強しなさいと言われるのが嫌だった」「クラスメイトといちいち比べられて嫌だった」ということをやらないこと。

「ほめてくれて嬉しかったこと」「信じてチャレンジさせてくれてありがたかったこと」

そういうことを、子どもにしてやればいいのです。

決して難しくはないはずです。なぜなら、子どもだった頃の自分を振り返ればいいのですから。

本書は書き下ろしです。

装幀　國枝達也
編集協力　幸運社／松島恵利子
写真　中央公論新社写真部

柳沢幸雄（やなぎさわ・ゆきお）

開成中学校・高等学校校長。東京大学名誉教授。
1947年生まれ。開成高等学校、東京大学工学部化学工学科卒業。71年、システムエンジニアとして日本ユニバック（現・日本ユニシス）入社。74年退社後、東京大学大学院工学系研究科化学工学専攻修士・博士課程修了。ハーバード大学公衆衛生大学院准教授、併任教授（在任中ベストティーチャーに数回選ばれる）、東京大学大学院新領域創成科学研究科教授を経て2011年より現職。シックハウス症候群、化学物質過敏症研究の世界的第一人者。自身も男の子を育て、小学生から大学院生まで教えた経験を持つ。主な著書に『東大とハーバード 世界を変える「20代」の育て方』（大和書房）、『男の子を伸ばす母親が10歳までにしていること』（朝日新聞出版）などがある。

子《こ》どもに勉強《べんきょう》は教《おし》えるな
——東大合格者数《とうだいごうかくしゃすう》日本一《にほんいち》
開成《かいせい》の校長先生《こうちょうせんせい》が教《おし》える教育論《きょういくろん》

2019年10月25日　初版発行

著　者　柳《やなぎ》沢《さわ》幸《ゆき》雄《お》
発行者　松田陽三
発行所　中央公論新社
〒100-8152　東京都千代田区大手町1-7-1
電話　販売　03-5299-1730　編集　03-5299-1740
URL　http://www.chuko.co.jp/

DTP　今井明子
印　刷　図書印刷
製　本　小泉製本

Published by CHUOKORON-SHINSHA, INC.
Printed in Japan　ISBN978-4-12-005241-5　C0037
定価はカバーに表示してあります。
落丁本・乱丁本はお手数ですが小社販売部宛にお送りください。
送料小社負担にてお取り替えいたします。